INVENTAIRE
D²
5571

PASCHASE RADBERT

*Etude historique sur le IXe siècle et sur le dogme
de la Cène.*

PAR

Eugène CHOISY

GENÈVE

IMPRIMERIE MAURICE RICHTER

10, RUE DES VOIRONS, 10

1888

D²

PASCHASE RADBERT

*Étude historique sur le IXe siècle et sur le dogme
de la Cène.*

PASCHASE RADBERT

Etude historique sur le IXe siècle et sur le dogme de la Cène.

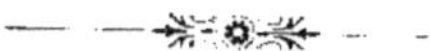

THÈSE

PUBLIQUEMENT SOUTENUE

DEVANT LA FACULTÉ DE THÉOLOGIE PROTESTANTE DE MONTAUBAN

EN JUILLET 1888

PAR

Eugène CHOISY

BACHELIER ÈS LETTRES ET BACHELIER ÈS SCIENCES
ASPIRANT AU GRADE DE BACHELIER EN THÉOLOGIE

GENÈVE

IMPRIMERIE MAURICE RICHTER
10, RUE DES VOIRONS, 10

1888

RÉPUBLIQUE FRANÇAISE

UNIVERSITÉ DE FRANCE

ACADÉMIE DE TOULOUSE

FACULTÉ DE THÉOLOGIE PROTESTANTE DE MONTAUBAN

Professeurs

MM. Bois, ✠, *doyen* . . . . Morale et éloquence sacrée.
Pédézert, ✠ . . . . Littérature grecque et latine.
Monod, ✠ . . . . Dogmatique.
Bruston . . . . Hébreu et critique de l'Ancien
                                   Testament.
Wabnitz . . . . Exégèse et critique du Nouveau
                                   Testament.
Doumergue . . . . Histoire ecclésiastique.
Leenhardt, *prof. adj.* . Sciences physiques et naturelles.
Allier . . . . Chargé du cours de Philosophie.

Examinateurs

MM. Doumergue, *président de la soutenance.*
Pédézert, ✠.
Monod, ✠.
Bruston.

La Faculté ne prétend approuver ni désapprouver les opinions
particulières du candidat.

OUVRAGES CONSULTÉS

Paschasii Radberti opera. éd. Sirmond, in fol. Paris 1618.

Martène et Durand. *Veterum scriptorum amplissima collectio*, tome IX, in fol. Paris 1733.

Histoire littéraire de la France, tome V. Paris 1740.

Mabillon. Acta ordinis sancti Benedicti.

Chastel. Histoire du Christianisme. Paris 1881-1883.

Bonifas. Histoire des Dogmes. Paris 1886.

Rückert. Der Abendmahlsstreit des Mittelalters, dans : Hilgenfeld. Zeitschrift für wissenschaftl. Theologie, t. I. 1858.

Hausher. Der heilige Paschasius Radbertus. Mainz 1862.

Ampère. Histoire littéraire de la France sous Charlemagne. Paris 1868.

Bordier et Charton. Histoire de France, tome I. Paris 1859.

Encyclopédie Herzog, 2e édition, articles: Radbertus. Ratramnus. etc. Leipzig 1883.

Encyclopédie Lichtenberger, articles divers.

Ratramne. Son livre du corps et du sang du Seigneur, en latin et en français. Grenoble 1673.

Gaudard. Gottschalk, moine d'Orbais. Thèse de la Faculté de Paris.

Calvini opera, t. V, p. 433. Petit traité de la saincte Cène. Brunswig 1866.

Ebrard. Das Dogma vom heiligen Abendmahle. Frankfurt 1845-1846.

Kahnis. Die Lehre vom Abendmahle. Leipzig 1851.

Du Pin. Nouvelle Bibliothèque des auteurs ecclésiastiques. Mons 1691 ; etc.

INTRODUCTION

I. — Le neuvième siècle en général.

Moine, lettré et théologien, ami d'Adalhard et de
Wala, Paschase Radbert a bien été de son siècle. Il
ne sera donc pas inutile de rappeler brièvement les
caractères d'une époque où l'esprit humain se réveille
avec puissance, au sortir des luttes et des ruines de la
barbarie.

Le IXe siècle est l'œuvre de Charlemagne. Le grand
empereur, après avoir réussi à arrêter l'invasion des
barbares, entreprend, avec l'aide de l'Eglise, l'organisa-
tion d'une administration régulière et d'une civilisation
plus avancée. Il oblige les peuples vaincus à recevoir
les missionnaires, les pionniers de la civilisation. Par
sa grande puissance, Charlemagne exerce une influence
considérable sur la renaissance des lettres. Il ordonne
qu'auprès de chaque monastère et de chaque évêché,
soient instituées des écoles où l'on enseignerait la gram-
maire, le calcul et la musique. Dans chaque paroisse,

le curé doit enseigner gratuitement la lecture aux enfants [1]. Le prince prend aussi sous son patronage la réforme de l'instruction du clergé, il veut qu'on étudie davantage les secrets de la Bible, que les prêtres comprennent les prières liturgiques. Alcuin demande aussi que la Bible soit mise à la portée de chaque peuple dans sa propre langue [2].

A partir de ce moment, la France se couvre d'écoles.

La renaissance des lettres amena la renaissance de la théologie dans l'Eglise.

Aux VIIe et VIIIe siècles, l'Eglise toute occupée à se fonder temporellement était ignorante ; ses préoccupations étaient matérielles [3]. Un des premiers soins de Charlemagne fut de la réformer. Un grand nombre de ses capitulaires sont destinés à combattre les désordres introduits par l'ignorance, la corruption et la brutalité [4]. Les conciles se multiplient sous le règne de Charles, et s'associent à son activité.

Les discussions théologiques reparaissent. L'empereur ne veut pas qu'on adore les images, pas même qu'on les honore. L'évêque de Lyon, Agobard, partage cette opinion, et la discussion se prolongera pendant

[1] Ampère. *Hist. litt. de la France sous Charlemagne*, p. 26.

[2] Cours de M. le prof. Doumergue sur le moyen âge.

[3] Ampère, *op. cit.*, p. 7.

[4] Il dégrade les prêtres qui ont plusieurs femmes. Il interdit aux prêtres et aux diacres d'entrer dans les tavernes, aux abbés de mutiler leurs moines. Les religieux avaient la passion de la chasse, ils ne purent tuer que les cerfs et les daims dont ils employaient les peaux à relier les manuscrits de leur bibliothèque. Ampère, *op. cit.*, pp. 21, 22.

bien des années encore. La controverse adoptienne, soulevée par la théorie de Félix d'Urgel sur la filialité divine de Jésus, occupe aussi les esprits.

Charles mourut en 814; son fils, Louis le Pieux ou le Débonnaire, lui succéda. C'était un prince juste, mais faible. Il gracia les condamnés, fit cesser l'oppression qui pesait sur les Saxons et les Frisons, et envoya dans les provinces des commissaires chargés de recevoir les plaintes et de réparer les injustices (¹). Mais il eut le tort de vouloir, déjà de son vivant, partager l'empire entre ses trois fils. Après la mort de sa femme, il se remaria et eut de sa nouvelle épouse, Judith, un fils, qui fut ensuite Charles le Chauve.

Louis voulut donner une part à cet enfant et créa pour lui le royaume d'Allemannie. Ce fut la source des démêlés que le roi eut avec ses fils, dès ce moment jusqu'à sa mort. Trois fois ceux-ci se révoltèrent et deux fois Louis dut se livrer à eux après s'être vu abandonné par ses troupes. Mais deux fois aussi, la division qui se mit parmi les fils rebelles, et l'indignation populaire, lui rendirent le pouvoir.

Il mourut en 840.

Louis le Pieux avait contribué à répandre l'instruction, mais les dissensions de son règne firent grand tort aux études. Il y avait d'ailleurs des partisans opiniâtres de l'ignorance, qui méprisaient « les loisirs superstitieux des lettres ». Sous le règne de Louis, Claude de Turin se présente comme instigateur d'un mouvement iconoclaste, il s'insurge contre les images

(¹) Bordier et Charton. *Hist. de France*. t. I. p. 208.

et même contre tout ce qui se disait ou se faisait à propos des croix.

La controverse la plus importante est celle sur la prédestination, dont Gottschalk fut le héros et la victime; le synode de Quiercy le condamna à être enfermé dans un cloître. Gottschalk avait tiré les dernières conséquences de la théorie d'Augustin sur la double prédestination. C'est alors aussi l'époque de l'activité d'Agobard de Lyon, un des plus illustres représentants de la culture créée par Charlemagne, adversaire des jugements de Dieu, ces pratiques instituées par la superstition, adversaire aussi d'une inspiration littérale et magique des Ecritures. En 831, Paschase Radbert achève son livre sur la Cène, qui provoquera sous Charles le Chauve une controverse ardente.

Après la mort de Louis, la guerre éclata entre ses fils. Au bout de trois ans de luttes, la paix fut conclue à Verdun (843). C'était la fin de l'empire de Charlemagne et un premier pas vers l'avènement des nationalités. Sous Charles le Chauve (843-877), on jouit d'un calme relatif et les conditions favorables aux études s'améliorent sensiblement. Le roi avait hérité de l'amour des lettres, que son grand-père possédait à un si haut degré; son palais était ouvert aux savants.

Charles était du reste un véritable théologien et aimait à discuter les points difficiles de la métaphysique; les problèmes les plus ardus de la théologie ne le laissaient point indifférent, il composa même des poésies religieuses qui prirent place dans les liturgies de l'église franque (¹).

(¹) Müllinger. *Schools of Charles the Great*, Londres 1877, p. 160. D'après Gaudard. *Gottschalk, moine d'Orbais*, p. 7.

Son règne fut attristé par les invasions toujours plus fréquentes et plus funestes des Normands. Ils remontaient les fleuves sur leurs barques légères et surprenaient les villes. On était trop divisé, pour qu'on pût s'unir et les atteindre rapidement. Voici dans quels termes Paschase Radbert raconte une de ces invasions dans son commentaire sur les Lamentations de Jérémie [1]: « Qui aurait jamais cru que des brigands d'une nation barbare osassent de pareilles choses, ou qui aurait pu penser qu'un royaume si glorieux, si fort et si étendu, si populeux et si puissant dût être humilié ou souillé par les crimes de tels hommes? Je ne parle pas de ce qu'ils ont emporté beaucoup de richesses, de butin et de captifs. Mais qui aurait pu s'imaginer que des hommes si vils osassent entrer dans notre pays? Je crois que peu auparavant, aucun roi de la terre n'aurait pensé une telle chose, et aucun habitant de notre globe n'aurait pu s'imaginer que l'ennemi entrerait dans notre Paris. Ces malheurs proviennent des péchés du peuple, des iniquités des prêtres et des grands ».

Sous Charles le Chauve, il y a encore parmi les théologiens célèbres Jean Scot Erigène, philosophe panthéiste et rationaliste « qui a considéré les hautes questions théologiques d'un point de vue purement philosophique » [2].

Le roi prit part à la querelle de la Cène. Cette querelle, préparée depuis longtemps par l'existence d'un double courant d'idées contraires et opposées, fut

---

[1] *Radberti opera*, éd. Sirmond, pp. 1506, 1507.
[2] Ampère, *op. cit.*, p. 121.

provoquée par le traité de Radbert. L· roi voulant s'éclairer consulta Ratramne qui défendit le spiritualisme.

Mentionnons enfin une discussion sur l'accouchement de la Vierge, discussion parfois grossière dans laquelle on retrouve le caractère de la barbarie franque (¹).

II. — L'Eglise et le monachisme au neuvième siècle.

Au commencement du siècle, l'Eglise est gouvernée par l'empereur. Il s'efforce de la réformer. Après la mort de Charlemagne, les évêques s'affranchissent de la royauté; comme les autres propriétaires fonciers et vassaux de la couronne, le clergé participe au gouvernement du pays. Sous Louis le Pieux les évêques passèrent de l'indépendance à la tyrannie. En 833, les prélats du royaume déclarent Louis déchu de la puissance royale. Ils l'obligent à réciter une confession publique des crimes qui lui ont mérité la déposition, et parmi lesquels figure celui d'avoir convoqué son parlement le Jeudi saint, et d'avoir commandé ses troupes durant le Carême. Louis fut enfermé pour un an et ne rentra en possession de la liberté et de la couronne, qu'après avoir obtenu dans l'assemblée de Saint-Denys l'absolution du clergé (²). On comprend que dans les démêlés qu'ils avaient entre eux, les princes aient cherché avant tout le suffrage d'un clergé si puissant.

(¹) Ampère. *op. cit.*, p. 90.
(²) Chastel. *Histoire du Christianisme*, t. III, p. 212.

Au IXme siècle, l'histoire de l'Eglise est en grande partie celle des ordres religieux; le crédit de la vie monastique déjà fort grand, s'accrut encore.

Le nombre des moines était de plusieurs centaines de mille, dépassant de beaucoup celui des prêtres séculiers. Les moines, pouvant mieux que d'autres supporter l'abandon et l'exil, continuèrent à rendre de grands services à la cause des missions. Bien des monastères furent des postes avancés du christianisme et de la civilisation sur les terres de l'idolâtrie.

On fait aux couvents des largesses inouïes et les privilèges monastiques sont accrus, les moines sont revêtus des droits attachés à la prêtrise, ils peuvent prêcher, confesser, administrer les sacrements. La plupart des paroisses n'ont plus d'autre église que celle du monastère voisin.

Le goût des études et des lettres poussait bien des gens à embrasser la vie monacale, mais surtout l'opulence des monastères attirait en grand nombre des personnes peu disposées à mener une vie qui aurait dû être sérieuse et sévère. Alors les congrégations choisissaient les abbés ou abbesses les plus indulgents. Les seigneurs qui avaient doté les monastères avaient droit d'investiture, ils étaient souvent maîtres des élections. De nobles laïques, tentés par la richesse des bénéfices abbatiaux, s'en faisaient investir par le prince et en obtenaient la transmission héréditaire à leurs descendants. On voyait ainsi, à la tête de nombreux monastères, des abbés séculiers qui continuaient à vivre en laïques. Ils se faisaient représenter par quelque vicaire ecclésiastique, et ne résidaient au couvent que de temps en temps, pour y mener joyeuse vie et en gaspiller les revenus. Sous de tels supérieurs, la règle était bientôt foulée aux pieds, toute discipline abolie et les vœux violés sans scrupules.

Déjà longtemps auparavant, à la fin du VIIIme siècle, une réforme avait été reconnue nécessaire. Benoît d'Aniane l'avait tentée. Il réunit dans un monastère une foule de religieux animés du même désir que lui. A l'exemple de saint Benoît, il les assujettit à un travail assidu et leur apprit à soulager les populations indigentes avec le produit de leur travail. Il prescrivit des études régulières et joignit à son monastère une bibliothèque pour laquelle les moines firent des copies d'anciens manuscrits. Dans son *Codex regularum*, Benoît s'efforçait de rétablir l'ancienne règle de son ordre.

La réforme eut du succès, les couvents du midi de la France l'adoptèrent spontanément, et Louis le Débonnaire chargea Benoit de présider en 817 l'assemblée d'Aix-la-Chapelle où sa règle fut formellement sanctionnée (¹).

Cela n'avait malheureusement pas suffi pour arrêter la corruption. Nous verrons Paschase Radbert exhorter ses frères au travail et à une activité sérieuse, mais avec toute son autorité et son énergie, il échouera dans ses tentatives pour maintenir l'ordre et l'observation de la discipline à Corbie.

Le IXe siècle est le théâtre de luttes nombreuses : luttes pour la succession impériale, pour le partage du territoire, luttes entre évêques et métropolitains, entre partisans et adversaires de la prédestination. On se dispute aussi au sujet du culte des images, de

---

(¹) Chastel, *op. cit.*, t. III, pp. 297-304.

l'accouchement miraculeux de la Vierge, au sujet de la présence corporelle du Christ dans la Cène.

C'est cette vie si mouvementée, si intense qui fait l'intérêt de cette époque.

Tels sont les événements et la situation au milieu desquels Paschase Radbert a vécu ; nous devons maintenant retracer sa vie et la part qu'il a prise aux discussions de son temps.

Première Partie

LA VIE ET LES ŒUVRES DE PASCHASE RADBERT

CHAPITRE Ier

La vie de Paschase Radbert.

§ 1. — Paschase Radbert avant sa nomination d'abbé de Corbie.

Paschase Radbert ([1]) est né à Soissons ou dans les environs vers la fin du VIIIme siècle ([2]). On ne sait rien de certain sur ses parents. Après la mort prématurée de sa mère, l'enfant fut exposé dans l'église Notre-Dame, à Soissons. Les nonnes bénédictines le recueillirent et firent sa première éducation ; elles avaient pour abbesse Théodrade, sœur d'Adalhard et de Wala. Comme cela était naturel dans ce milieu et à cette époque, le jeune garçon fut destiné à l'état ecclésiastique. Lorsqu'il eut grandi, les nonnes le confièrent aux moines qui

([1]) Paschase est son nom de moine.

([2]) Plusieurs auteurs catholiques donnent la date de 786. Nous ne savons sur quoi ils se fondent.

desservaient l'église de Saint-Pierre dépendante de Notre-Dame [1]. On lui avait déjà donné la tonsure pendant qu'il était chez les religieuses. Il parle lui-même de la *corona*, qu'il avait reçue tout enfant devant le saint autel, et qu'il avait profanée par beaucoup d'actions mondaines [2].

Il lui prit le désir de voir le monde, et de connaître la vie en dehors des murs d'un couvent. « L'amour du siècle le tira de ce saint asyle. » dit son biographe dans l'*Histoire littéraire de France*. Ce ne fut pas pour long-temps. Paschase fut bientôt dégoûté de voir régner la grossièreté, l'amour du gain et des basses jouissances. Son caractère sérieux et élevé était fait pour la tranquillité et la solitude du cloître. « Il reconnut enfin par la lumière de la grâce la vanité des choses passagères » [3].

En 814, il entrait au couvent de Corbie. Le noble Adalhard qui en était l'abbé [4], devint son maitre et se montra pour lui un véritable père. Au milieu des autres moines, dont plusieurs étaient probablement entrés à Corbie pour des motifs frivoles, Paschase se distingua bien vite par sa piété, son sérieux et une culture théologique très étendue. Ses écrits sont émaillés de citations des anciens auteurs, tels que Cicéron, Virgile, Horace, Térence. Il fit une étude spéciale des œuvres des Pères de l'Eglise et de l'histoire ecclésiastique.

Il savait le grec, il savait aussi l'hébreu : au commen-

[1] *Hist. litt. de France*, t. V, p. 287.
[2] Commencement du 3ᵉ livre de l'*Expositio in Psalmum* XLIV.
[3] *Hist. litt.*, t. V, p. 287.
[4] Gualdon. *Prologue de la vie de saint Ansgar*.

cement du livre *De partu Virginis*, il remonte au texte original. A cette époque de renaissance et d'activité littéraire, une telle culture était hautement appréciée.

Ses connaissances nombreuses et variées le désignaient pour la direction de l'école du couvent. De très bonne heure, Paschase devint le maître des jeunes moines, et fut probablement revêtu de la charge de lecteur.

Celui-ci devait instruire dans les sciences théologiques les novices qui se destinaient à la prêtrise [1].

Grâce à l'enseignement distingué de Paschase, l'école devint fort célèbre, et les études prirent un essor nouveau. Il est à supposer que des hommes tels que Druthmar et Ratramne, qui enseignaient à la même époque à Corbie, contribuèrent également à faire la renommée de l'école. « Corbie devint un flambeau, grâce surtout à Paschase Radbert, à sa science et sa vertu. Auprès de lui, ceux qui étaient instruits apprirent la sagesse, ceux qui étaient sérieux, la piété, tous acquirent un nouveau zèle et une nouvelle ardeur pour rechercher la vertu et la perfection [2].

Paschase ne devait sans doute pas se contenter de professer, il devait faire part à ses élèves non seulement de ses connaissances, mais aussi de ses expériences. Il savait descendre de la chaire professorale pour encourager et guider ses élèves et leur inspirer l'ardeur qui l'animait. C'est pour cela qu'il eut l'honneur de faire des hommes, et pas seulement des savants ; parmi ses élèves on peut citer les noms d'Adalhard le jeune ; de saint Ansgar, le grand apôtre des peuples

[1] Hausher. *Der heilige Paschasius Radbertus*, p. 6.
[2] Mabillon. *Acta ord. sanct. Bened.*, t. VI, p. 123.

du Nord, en Allemagne et au Danemark, archevêque de Brême ; de Hildemann et d'Odon, évêques de Beauvais, de Warin, abbé de la nouvelle Corbie en Saxe. Ces élèves transportèrent au dehors et répandirent son plan d'études et sa méthode d'enseignement.

Ce Warin surnommé Placidus, que nous venons de citer, fut cause de la fondation de la Nouvelle Corbie. Il appartenait à une des plus nobles familles de Saxe, et sa parenté avec l'empereur aurait pu lui ouvrir la perspective d'une haute position dans l'empire, mais il préféra entrer au couvent à Corbie. Ce fait avait excité dans son entourage un étonnement mêlé d'admiration. On manifesta le désir que l'on fondât en Saxe une colonie, fille de la sainte communauté de Corbie. Selon Hausher, les premières démarches eurent lieu en 815 et une colonie de moines fut envoyée en Saxe. En 822, Paschase accompagna Adalhard et Wala (¹) en Saxe pour l'établissement définitif du couvent.

Dans cette même année, Warin retourna dans son pays et s'installa à la Nouvelle Corvey dont il devint abbé en 826 (²).

(¹) Wala, demi-frère d'Adalhard et de Theodrade, était parent de Charlemagne par son père, et par sa mère appartenait à une noble famille saxonne. Il occupa une haute position à la cour et fut ministre de l'empire. Peu avant la mort de Charlemagne, il entra à Corbie et y attira beaucoup de nobles visiteurs saxons. C'est, à ce que l'on pense, dans une visite de Placidus (Warin) à Corbie, que celui-ci fut gagné par Wala à la vie monacale.
Hausher, *op. cit.*, p. 9.

(²) La Nouvelle Corvey atteignit un haut degré de prospérité, elle eut jusqu'à 300 ecclésiastiques dans ses murs et 24 maîtres de la sainte Ecriture. Outre les sciences théologiques, on y étudiait le grec, le latin, les mathématiques, la médecine et l'astronomie. Les moines qui en sortirent, exercèrent leur activité et leur ministère sur la plupart des royaumes d'Europe. Hausher, *op. cit.*, p. 111.

A Corbie, Paschase exposait les évangiles le dimanche et les jours de fêtes, dans un discours édifiant, *exhortandi causâ*, dit-il. Les frères goûtaient si fort ses discours, qu'ils le supplièrent de les rédiger par écrit. C'est ainsi qu'il composa son Commentaire sur saint Matthieu. D'après Hausher, Paschase aurait été revêtu de la charge de prédicateur, charge distincte de celle de lecteur et de directeur de l'école, pour laquelle on ne choisissait que des hommes jouissant de l'estime de tous les moines. Les quatre premiers livres du commentaire furent composés avant qu'il devînt abbé.

Malgré toutes ces occupations, Paschase ne manquait à aucun devoir de la vie monastique et ne consacrait que ses heures de loisir (*furtivæ horæ*), aux travaux littéraires. Pour lui, il n'y avait pas d'occupation plus agréable sur cette terre que de prendre part aux saints offices (¹).

En 826, après la mort d'Adalhard, il s'agissait de faire ratifier l'élection de Wala. Comme Paschase jouissait d'une grande autorité dans le cloître, on le délégua à la cour de Louis le Pieux, et il obtint du roi ce qu'il désirait. On lui demanda pourquoi les moines avaient élu un homme si sévère. Paschase répondit qu'il fallait préférer celui qui marche devant vous, plutôt que celui qui marche derrière votre dos.

La mort d'Adalhard, le maître qu'il chérissait et vénérait, lui avait été très sensible. Voulant donner un témoignage de la reconnaissance qu'il éprouvait pour lui, il écrivit sa biographie, le livre *De vita sancti Adalhardi*. Il y raconte d'une manière touchante la dernière

______

(¹) Mabillon. *Acta ord. s. Ben.*, t. VI, p. 124.

maladie de l'abbé, les adieux pleins d'affection que lui firent ses subordonnés et sa mort chrétienne.

Après Adalhard, l'administration des deux monastères de la Vieille et de la Nouvelle Corbie fut séparée. Chaque monastère eut son abbé, et Warin fut élu à la Nouvelle Corbie.

Wala, le nouvel abbé de la Vieille Corbie avait une très grande estime pour Paschase et ne se séparait presque jamais de lui, qu'il voyageât ou qu'il traitât d'affaires. En 830, il prit part à la lutte des fils du roi contre leur père (¹). Lorsque Louis reprit le pouvoir en 831, il envoya Wala en exil sur les bords du lac de Genève. Paschase fait allusion à cet exil dans une lettre à Placidus (Warin). Il y désigne Wala sous les pseudonymes d'Arsenius et de Jérémie. Wala ressemble à ce dernier en ce qu'il ne craint pas les grands. Lorsque Louis le Pieux voulut se réconcilier avec Wala, il employa Paschase pour les négociations, mais sans succès. Wala fut inébranlable. Ce n'était pas la première fois que l'empereur chargeait Paschase d'une mission. Il l'avait déjà envoyé en Saxe au sujet de l'expédition d'Ansgar chez les peuples du Nord (²).

En 831, immédiatement après ses démarches infructueuses auprès de Wala, il mit la première main à son ouvrage sur le corps et le sang du Seigneur. La date est indiquée par le fait que Paschase se montre étonné de la fermeté de son abbé, dans la lettre à

(¹) D'après Hausher, Wala avait le courage et l'autorité nécessaires pour blâmer les vices des grands et pour résister quand l'on portait atteinte aux droits de l'Eglise, c'est pour cela qu'il fut exilé, *op. cit.*, p. 13.

(²) Mabillon. *Acta ord. s. Ben.*, t. VI, p. 123.

Placidus, qui accompagnait l'envoi de son ouvrage.
C'est à la demande de Warin qu'il écrivit ce livre.
L'abbé de la Nouvelle Corbie désirait avoir une exposition claire et complète du dogme de l'eucharistie,
pour ses novices et pour l'instruction des Saxons (¹).

En 833, Paschase Radbert se rendit en Alsace auprès
du pape Grégoire, avec Wala qui était revenu d'exil
l'année précédente. Quelques années après, en 838,
Wala mourut en Italie où il avait suivi le pape, et son
fidèle ami écrivit sa vie, ou plutôt son apologie dans
l'ouvrage intitulé *Epitaphium Arsenii*. Le premier livre
seul date de cette époque.

Quoiqu'ayant une haute position et jouissant d'une
considération méritée, Paschase ne voulut jamais revêtir la prêtrise, et en 844, alors qu'il n'était pas encore
abbé, il se désignait encore comme « lévite ».

§ 2. — Paschase Radbert après son élection jusqu'à sa mort.

A la mort de l'abbé Isaak, en 844, Paschase Radbert fut désigné pour lui succéder. D'après Sirmond et
Loup de Ferrières, il remplit sa charge avec une rare
distinction, et montra tant d'amabilité qu'il gagna l'affection de tous (²).

Sa considération était grande aussi auprès des dignitaires de l'empire et des savants de son temps.
On demandait volontiers conseil à un homme d'une si
profonde érudition et d'une si grande sainteté.

(¹) Hélas, la clarté n'y brille guère ! Quoique Hausher attribue une
parfaite clarté à notre auteur, il déclare que les adversaires ont mal
compris sa doctrine, et l'ont combattu comme kapharnaïte, *op. cit.*, p. 89.

(²) Hausher, *op. cit.*, p. 18.

Bientôt des discussions s'élevèrent dans le cloître. On débattait alors la question de savoir si le Christ était sorti du sein de sa mère de la même façon que les autres mortels, ou d'une façon miraculeuse, et sans porter atteinte à la virginité de Marie. Quelques moines, Ratramne entre autres, adoptèrent l'idée de l'accouchement naturel. Le nouvel abbé combattit cette opinion dans le premier livre de *De partu Virginis*. Il appelle l'opinion de ses adversaires une honteuse impudence (*impudicam temeritatem*).

Ratramne ayant répondu, Paschase fit une nouvelle défense de son point de vue et ajouta un second livre. Les détails dans lesquels entrent les auteurs sont quelquefois d'un pur réalisme naturaliste ([1]).

C'est alors que Paschase envoie au roi Charles le Chauve son livre sur le corps et le sang du Seigneur ([2]), en l'accompagnant d'une lettre à peu près identique à celle qu'il avait adressée à Placidus. La dispute sur la Cène n'avait pas encore commencé.

Selon Hausher ([3]), il aurait fait quelques retouches. Il aurait notamment enlevé une allusion à Arsenius (Wala) et ajouté deux miracles tirés des vies de saint Benoît et de saint Grégoire, comme preuves de la présence corporelle du Christ dans les espèces du pain et du vin ([4]).

______

([1]) Ampère. *op. cit.*, p. 90.

([2]) L'auteur anonyme d'une notice sur Radbert dit qu'il adressa son livre à l'empereur Louis le Pieux. C'est une erreur manifeste.
Mabillon. *Acta ord. s. Ben.*, t. VI, p. 567.

([3]) *Op. cit.*, p. 20.

([4]) C'est pour cela, dit cet auteur que ce fragment ne se trouve pas dans l'édition de Cologne, ni dans l'ancienne édition de Paris de la Bigne. Hausher, *op. cit.*, p. 20, 21.

En qualité d'abbé de Corbie, il se rendit en 846 au synode de Paris, et y fit confirmer les privilèges de son cloître (¹). Plus tard, en 849, il prit part au synode de Quiersy où fut condamné l'infortuné Gottschalk. Paschase se rangea parmi les adversaires du moine prédestinatien. Il condamne sa doctrine dans un passage du VIIIme livre de son commentaire sur Matthieu.

Les soucis de sa charge absorbant toute son attention, toute son activité, il dut mettre presque complètement de côté ses travaux théologiques.

Bientôt survinrent les événements qui aboutirent à la démission de Paschase. Wala semble avoir eu déjà beaucoup de peine à maintenir la discipline du cloître, il dut user d'une extrême sévérité. Cette discipline se relâcha sous ses deux successeurs immédiats, Heddo et Isaak; des désordres s'introduisirent.

Radbert remit en vigueur la règle, avec sévérité et rigueur, mais ne réussit qu'à soulever le mécontentement et le dissentiment. Dans ces circonstances, le moine Ivo fut chassé du cloître ou s'en évada, et trouva un protecteur dans la personne de Charles le Chauve. Le roi lui donna une lettre qui lui assurait l'impunité (²).

L'abbé menaça, punit, exhorta, mais en vain, il ne put vaincre la mauvaise volonté des mécontents. Ils en avaient assez de la discipline sévère sous laquelle il les tenait, si différente des habitudes du temps et des mœurs des autres monastères.

(¹) En 847, dit Hansher; ce privilège est imprimé en tête de l'édition du P. Sirmond.

(²) Encyclopédie Herzog, 2me édit., t. XII, p. 475.

Ils cherchèrent à se débarrasser de Paschase et furent favorablement accueillis par ceux qui, pour des motifs divers, s'étaient brouillés avec lui.

Il est certain que ce n'est pas sa doctrine sur la Cène qui souleva le mécontentement contre lui, mais elle doit avoir probablement contribué à entretenir l'antagonisme, puisque Ratramne était à Corbie et y avait des partisans [1] séparés de Paschase aussi par leurs idées sur la virginité de Marie, et sur la prédestination [2].

A ces divisions s'ajoutaient, nous l'avons dit, des désordres. On comprend que dans une telle situation, Paschase ait songé sérieusement à se démettre de sa charge [3]. Avant de s'y décider, il voulait trouver un digne successeur. Chose remarquable, ses lettres ne trahissent aucune amertume et aucune indignation contre ses subordonnés. En 851, il put se retirer et remettre ses fonctions à son élève Odon, celui qui plus tard fut évêque de Beauvais. Pour goûter le calme et la paix, il se rendit pour quelque temps au monastère de St.-Riquier [4].

Heureux d'être débarrassé d'un lourd fardeau de responsabilités, Paschase allait, à un âge avancé, se remettre avec une ardeur nouvelle à ses travaux théologiques. Il dit lui-même [5] : « L'amour de l'étude et

[1] Rückert. *Abendmahlsstreit im Mittelalter*. Dans *Zeitschrift für wissenschaftliche Theologie*, t. I, p. 324.

[2] A ceux-là s'ajoutait le parti du prince Charles qui ne pouvait souffrir qu'un fils de roi fût remis à la garde de Paschase, issu de parents pauvres, et dût se courber devant lui. Hausher, *op. cit.*, p.25.

[3] *Expos. in Matth. præf. lib.* IX, p. 643.

[4] *Hist. litt. de France*, t. V, p. 289.

[5] *Expos. in Matth. præf. lib.* IX.

des sciences m'a accompagné dès ma jeunesse et ne
m'a pas quitté. Déjà avancé en âge, après tant de
soucis qui m'ont distrait, j'y trouve comme le romain
Caton la jouissance la plus douce et une force nouvelle pour progresser dans la vertu et avancer vers
la perfection. »

Il désirait donner à l'abbesse Théodrade un témoignage
de reconnaissance, et s'était mis à écrire un commentaire sur le Psaume XLIV. L'abbesse étant morte quand
le travail fut achevé en 856, Paschase le dédia à ses
filles spirituelles et à la nouvelle abbesse Imma. En
857, Paris et les environs de Corbie furent affreuse-
ment dévastés par les incursions des Normands, ce
fléau de la seconde moitié du IX' siècle. L'abbé Odon
se vit même obligé de faire repousser à main armée
leurs attaques violentes. Comme Paschase terminait alors
son commentaire sur les *Lamentations de Jérémie*,
dédié à son ami Odilman Sévère, il fit un rapprochement entre les malheurs dont parle Jérémie et ces
dévastations récentes. Il voit la cause de ces cala-
mités dans les péchés du peuple, les iniquités des
prêtres et des princes (¹) qui, au lieu de faire péni-
tence, ne font qu'ajouter de nouveaux crimes aux
anciens.

Après cela, Paschase rédige encore le second livre
de la vie de Wala et termine son commentaire sur

(¹) Détail piquant ! Dans le texte Paschase dit : *sacerdotum et prin-
cipum*, il met ainsi les prêtres en premier. Il avait vu de près les misères du clergé.

Hausher, *op. cit.*, p. 28, en citant le passage, a soin de corriger ce
manque de délicatesse envers l'Eglise et dit : « *Die Gräuel der
Fürsten und des Clerus.* »

Matthieu. Nous ne savons rien d'autre sur cette époque
de sa vie, sinon qu'il composa les ouvrages mentionnés.
Son livre sur la Cène avait soulevé une dispute ani-
mée. Ratramne et Raban Maur étaient à la tête du
mouvement d'idées contraire à la présence corporelle
et à la commutation. Paschase répondit aux objections
et aux réfutations dans le dernier livre de son commentaire sur Matthieu. La querelle loin de s'apaiser, devenait plus violente. Charles le Chauve qui était théologien,
voulant savoir ce qu'il fallait croire, chargea Ratramne
de lui exposer la vraie doctrine sur la Cène. C'est à
cette occasion que Ratramne écrivit le fameux livre
sur lequel les catholiques ne s'entendent pas encore
dans leurs jugements. Sur le sujet de la Cène, Paschase
écrivit encore une lettre à Frudegard, un de ses élèves,
moine de la nouvelle Corbie, qui l'avait consulté. Il y
commente plusieurs citations des pères.

Lorsqu'il sentit sa fin approcher, il fit venir ses frères
pour leur dire un dernier adieu et leur demanda de
ne pas écrire sa vie. « Mort au monde pendant sa vie,
il voulait l'être encore dans la mort elle-même, » conclut
Hausher.

Paschase Radbert mourut à Corbie dans un âge avancé,
sans qu'on puisse fixer une date certaine (¹). Il fut enterré
dans l'église de Saint Jean l'Evangéliste. De nombreux
miracles ayant été opérés sur son tombeau, ses restes
furent transportés le 12 juillet 1070 dans la basilique

(¹) Le 26 avril 865 disent l'*Hist. litt. de France* et Hausher.
D'après l'Encyclopédie, Herzog, t. XII, p. 476, on n'en sait rien.
Mabillon, *Act. ord. s. Ben.*, t. VI, p. 369, dit: Le 6ᵉ jour des Calen-
des de Mai, au jour de la fête de celui qu'il avait le plus aimé, saint
Richard.

de Saint Pierre, en présence de foules innombrables, conformément à la décision du siège apostolique, qui le mit alors au nombre des saints.

Son noble caractère et son attachement aux idées régnantes, lui méritaient pleinement cet honneur.

Son caractère est intéressant, Paschase se distingue par son humilité. Il s'intitule rebut, balayure de tous les moines *(monachorum omnium peripsema)*, il refuse de prendre la prêtrise et préfère rester simple lévite. Il devient abbé sans enthousiasme et, après avoir rempli avec conscience ses devoirs, il se hâte d'abdiquer quand il se voit impuissant à réprimer le désordre.

Mais ce qui à nos yeux prouve cette humilité, plus que cette qualification de rebut de tous les moines, qu'il se donne avec une certaine affectation, c'est le fait que ses écrits ne renferment pas de récriminations contre les adversaires qui lui donnèrent tant de soucis et de peines.

Le trait qui domine dans sa vie, c'est l'amour du travail et de l'étude. Il déteste l'oisiveté, surtout chez les moines : « ils devraient toujours être occupés de quelque travail ayant rapport à l'éternité. »

Il insiste surtout sur l'étude de l'Ecriture sainte, et s'indigne de ce qu'on la cultive moins que les sciences et les arts profanes (¹): « Les amis de ceux-ci ne croient pas estimer assez haut la sagesse et l'éloquence de certains écrivains. Par toutes sortes de commentaires et d'explications, ils s'efforcent de saisir toute la folie des mensonges ingénieux qu'ils lisent dans leurs livres. Et si le langage de ces modèles, d'après lesquels ils désirent se former,

______
(¹) *Expos. in Matth. præf.* lib. III.

est délicat et distingué, la langue des commentateurs qu'ils doivent lire, n'est rien moins que fine et polie. Outre que bien des auteurs profanes sont pleins d'ignominies, il y en a qui sont souvent difficiles à comprendre et leurs admirateurs ne passent pas une page, ni même une syllabe, sans qu'ils l'aient examinée de la façon la plus minutieuse, avec une peine et une patience incroyables.

Mais je ne sais vraiment pas ce qui déplaît tant à ces hommes dans les divines vérités de la sainte Ecriture, pour qu'ils n'essaient pas au moins de pénétrer et de saisir les paroles mystérieuses et vivifiantes de Dieu, avec le même zèle qu'ils déploient quand ils s'efforcent, souvent pendant des jours entiers, de scruter les sottises d'une tragédie ou les rêveries d'un poète. En outre, leur travail est si ingrat, leur étude a si peu de fruit, qu'ils ne se préparent par là aucun mérite dans le ciel. »

« Est-ce que les fables et inventions humaines de la plupart de ces orateurs et poètes peuvent satisfaire l'esprit et le cœur? C'est pourquoi j'exhorte de nouveau le lecteur sage à se tourner plutôt vers l'étude de la sainte Ecriture où la Sagesse éternelle parle elle-même. »

Et il conclut en recommandant son faible ouvrage. « Je n'explique pas, dit-il, le poème héroïque de Virgile orné de fables grecques, mais, puisant à la source vivante du Saint-Esprit, nous nous efforçons avec la doctrine des saints Pères et le secours de Dieu, de comprendre et de rendre claires les vérités des saints livres. »

On pourrait croire d'après ceci que Paschase est un adversaire de l'étude de l'antiquité, ce serait une erreur complète. Lui-même, nous l'avons dit, connaissait fort bien les classiques latins, seulement il ne voit dans ces études qu'un travail utile et nécessaire pour faire avancer les arts et la science sacrées.

Il reconnaît très bien ce qu'il y a de beau et de bon chez les écrivains païens, mais il veut avant tout que les religieux soient préoccupés de réaliser leur sainte vocation : « Le repos dans la solitude ne leur est pas accordé pour qu'ils se tiennent lâchement loin du champ de bataille, mais pour qu'ils s'exercent sans cesse à contempler les commandements de Dieu, à méditer et étudier les vérités divines, la sainte Ecriture, la loi et les prophètes, l'Evangile, l'enseignement des apôtres, les écrits des Pères, etc. »

« Je suis persuadé, dit-il, de la vérité de cette parole que Caton nous rapporte sur Scipion l'Africain : « Je ne suis jamais moins oisif que dans mes heures de repos, et jamais moins solitaire que lorsque je suis seul. » Cette parole convient admirablement aux religieux. Aussi dans le saint repos qui nous est accordé, puissions-nous ne jamais cesser de penser à Dieu et aux choses de Dieu. Ne nous figurons jamais que nous sommes seuls dans la solitude, mais pensons que partout et toujours nous sommes près de Dieu ; et que nous marchons en présence des armées des anges et des saints qui nous regardent du ciel et sont témoins de toutes nos actions. »

Plus l'idéal qu'il se fait de la vie monastique est élevé, plus il souffre des misères de la réalité, et il ne perd pas une occasion de relever les désordres communs dans son temps : l'avarice des clercs et des moines qui s'occupaient de procès et d'affaires temporelles, la trop grande indulgence des confesseurs et autres abus de cette nature.

Il déplore également les guerres intestines et civiles si

nombreuses de son vivant, et les ravages des barbares, juste punition des péchés des Franks.

Lui-même avait donné l'exemple de la vertu et du travail, et lorsque sa démission lui rendit la paix et la tranquillité, il déclarait encore: « Maintenant que le repos m'est de nouveau accordé, ma vieillesse ne doit pas s'écouler dans l'oisiveté et la paresse, mais être occupée, active, c'est ainsi qu'elle pourra édifier les vivants et exciter à la vertu ceux qui viennent après nous. »

Paschase Radbert est un des représentants distingués du monachisme du moyen âge. Sa devise semble être « piété et travail ». Nous retrouverons dans toutes ses œuvres, la préoccupation morale et religieuse que nous avons constatée dans sa vie.

CHAPITRE II

Les œuvres de Paschase Radbert.

§ 1. — Les ouvrages secondaires.

Les écrits de Paschase Radbert sont assez considérables.

L'édition de Sirmond qui n'en comprend qu'une partie, n'a pas moins de 1700 pages.

I. *Les ouvrages historiques* de Paschase sont les moins importants, ils sont au nombre de trois :

1° *De passione S. Rufini et Valerii.* Ces deux saints avaient souffert au III° siècle dans le Soissonnais. Lorsqu'il était abbé, Paschase rédigea leurs actes d'après un ancien martyrologue, à la demande des gens du pays.

Ce fut une des grandes préoccupations du IX° siècle de retoucher ainsi les vies des saints. On donnait des éditions corrigées et plus ornées d'un texte antérieurement publié. Chaque église voulait avoir sa compilation de légendes ([1]).

2° *De vita Adalhardi.* Composée peu après la mort de celui-ci, en 826. L'émotion avec laquelle il parle de son père adoptif élève son style au-dessus du style de ses

______

([1]) Ampère, *op. cit.*, p. 104.

autres écrits. Ici il est pathétique et plein de sentiment. Son livre est plutôt un éloge funèbre qu'une biographie.

3° *Epitaphium Arsenii*, autrement dit biographie ou apologie de Wala en deux livres ; le premier composé après la mort de Wala en 836, l'autre après qu'il eut déposé sa charge d'abbé. Il n'était pas rare de mettre ainsi des pseudonymes comme titres à des ouvrages historiques écrits aussitôt après la mort de ceux qu'on y louait. Wala avait joué un grand rôle non seulement ecclésiastique, mais politique. Paschase crut plus prudent que certains événements fussent rapportés sous une forme énigmatique. Il représenta Wala sous le nom d'Arsène, Adalhard sous celui d'Antoine. Il cacha l'empereur Louis le Pieux, Louis le Germanique, Pépin d'Aquitaine, et l'impératrice Judith sous les noms de Justinien, Gratien, Mélaine, Justine. Jusqu'à ce qu'on eût découvert la clef de cette terminologie, l'écrit était fort obscur; c'est à Mabillon que revient l'honneur d'avoir donné la solution du problème.

Le premier livre raconte l'histoire de Wala depuis sa naissance jusqu'à la déposition de Louis le Pieux, le second raconte la suite, depuis cet événement jusqu'à la mort de Wala, sous la forme de dialogue.

La haute position occupée par Wala rendait le sujet intéressant.

Wala avait été en effet cousin germain de Charlemagne, conseiller de Louis le Débonnaire, gouverneur du prince Lothaire son fils, et enfin abbé de Corbie.

Au point de vue historique, l'écrit ne manque pas d'intérêt. « L'auteur y découvre plusieurs circonstances de la déposition de Louis, qu'on chercherait inutilement ailleurs. Il y raconte aussi ce qui se passa à la fameuse arrivée du pape Grégoire auprès des princes régnants, à laquelle il s'était trouvé en personne (¹). »

II. *Ouvrages exégétiques.* Au IXe siècle les commentaires sur la Bible prennent un grand développement et quoique leur mérite littéraire soit faible, ils contribuent puissamment à répandre les enseignements du christianisme. La méthode allégorique et symbolique provoquait énergiquement l'activité de l'esprit. Rien n'est pris au pied de la lettre; les noms propres, les dates, le nombre des chapitres et des versets sont interprétés d'une manière bien puérile et extravagante, mais aussi parfois fort ingénieuse.

Quelques hommes s'élevèrent contre cette licence d'interprétation. Druthmar, le collègue de Paschase Radbert à Corbie, disait en commençant son explication de l'Evangile de saint Matthieu : « J'ai préféré le sens historique au sens spirituel, car il me semble déraisonnable de négliger entièrement le premier et de ne s'occuper que du second. » Druthmar faisait preuve de bon sens, et ses paroles montrent à quel point la route qu'il prétendait suivre était peu fréquentée (²). C'est peut-être à l'influence de Druthmar, que Paschase doit les principes exégétiques excellents qu'il expose dans le prologue au 5e livre du commentaire sur Matthieu : *Nos nec tropologias secuti sumus Evangelii in explanatione nec mysticas sententiarum intelligentias, sed solummodo simplicem sensum dictionum in brevi, prout oportuit, explicavimus.* Le malheur est qu'il ne s'en est pas tenu à ces principes, car, dans les deux commentaires sur l'Ancien Testament, l'allégorie domine.

(¹) *Hist. litt.*, t. V., p. 304.
(²) Ampère, *op. cit.*, p. 92.

Les hommes distingués du IXme siècle avaient généralement une grande préoccupation biblique. Déjà Alcuin déclarait que « la lecture des saintes Ecritures est la connaissance du bonheur divin; par elle l'homme voit comme dans un miroir ce qu'il est, et où il va. Elle purifie l'âme et respire la crainte de la géhenne. Celui qui veut être toujours avec Dieu, doit toujours prier et lire. Lorsque nous prions, nous sommes avec Dieu; et lorsque nous lisons, Dieu nous parle (1). » Agobard de Lyon qui fut un des auteurs les plus bibliques, s'éleva à une haute conception de l'inspiration des saintes Ecritures. Il combat la théorie qui prétend que le Saint-Esprit aurait formé les mots dans la bouche des auteurs sacrés. Il veut qu'on lise les livres des commentateurs *cum judicii libertate* (2), sans qu'on doive croire ce qu'ils disent.

Quelques exemples tirés du livre « *De corpore et sanguine Domini* » montreront la nature de l'exégèse de l'époque. Toutes les fois que dans l'Ancien Testament il est parlé de pain et de vin, nous avons des figures du sacrement futur de la Cène. Ainsi : la bénédiction de Jacob (Genèse XXVII, 37), le Cantique des Cantiques, ch. V, 1, et le Psaume XXIII (voir le ch. X).

Christ est le vrai arbre du paradis dont le feuillage ne tombe pas (ch. IX). Dans Lévitique XXII, 14, les choses saintes qu'il ne faut pas profaner, et auxquelles il faut ajouter un cinquième si on en a mangé involontairement, représentent le corps et le sang de Christ (ch. II). Les Juifs rapportent que lorsqu'ils mangeaient charnellement la manne, celle-ci avait dans leur

(1) *De virtutibus et vitiis.*, cap. V.
(2) Cours de M. le prof. Doumergue sur le moyen âge.

bouche le goût de ce qu'ils voulaient. Si l'on souhaitait une poire, des pommes, un raisin, du pain, de la chair, ou quoi que ce soit d'autre, la manne donnait tout cela dans la bouche de celui qui le désirait (ch. VIII, 6). Les 40 jours pendant lesquels Élie est nourri par l'ange, désignent le présent siècle (X, 2). Dans Lamentatious VI, 4, le prophète soupire parce que Christ n'est pas encore venu et dit : « Les enfants ont demandé du pain et il n'y avait personne pour le leur rompre. » Donc c'est Christ seul qui rompt ce pain et le distribue aux croyants par la main de ses ministres (XV, 2). C'est du corps et du sang de Christ que Jacob avait faim et soif en disant (Genèse VIII, 20) : « S'il me donne du pain à manger et des habits pour me vêtir, si je retourne en paix à la maison de mon père, alors l'Éternel sera mon Dieu. »

L'exégèse de Matthieu XXVI, 23 ([1]) est tout à fait particulière. Les dignes communiants boivent le sang de Christ dans la communion et deviennent un avec le Sauveur. Ce sont eux qui sont le royaume du Père, donc Christ étant en eux, il boira en eux le vin, c'est-à-dire son propre sang. Jésus est à la fois leur convive, buvant avec eux et leur repas (conviva et convivium), c'est-à-dire que c'est son propre sang qui est bu. Une fois la Cène instituée, et le sang du Christ répandu, pour la rémission des péchés, la parole est accomplie. Au ch. XXII Christ est désigné par l'agneau et le chevreau d'Exode XII. Les explications du trésor caché dans le champ (ch. XVII), de Zacharie IX, 17 (ch. XXI) sont fort curieuses ([2]).

([1]) Je ne boirai plus de ce fruit de la vigne jusqu'à ce que j'en boive de nouveau dans le royaume de mon Père.

([2]) Voir l'analyse du livre sur le corps et le sang du Seigneur.

Il est impossible de tout citer.

Les commentaires de Paschase sont : 1° *Expositio in Matthæum*, en 12 livres, précédés chacun d'un prologue où l'auteur a introduit des détails biographiques. Les 4 premiers furent composés pendant qu'il était moine ; les autres après son abdication [1]. Il nous avertit lui-même qu'il n'a fait que suivre les commentaires des Pères, en particulier d'Ambroise, de Chrysostome, Jérôme, Augustin, saint Grégoire et de Bède. Il avait eu soin de marquer en marge les premières lettres de leurs noms ; mais ces signes disparurent ensuite. Il ne s'est cependant pas assujetti aux auteurs dont il profitait, et tout en empruntant beaucoup aux autres, il a mis beaucoup du sien. Tout cela fait que son ouvrage est resté diffus, comme il le reconnaît lui-même en en demandant grâce à ses lecteurs. On trouve des allusions polémiques aux hérésies de l'époque. Le huitième livre renferme un passage où il se prononce contre Gottschalk.

Le commentaire est à la fois exégétique et pratique.

2° *Expositio in Psalmum XLIV*, dédiée aux religieuses de l'abbaye de Soissons, ses bienfaitrices, en trois livres.

L'exposition est fort diffuse et beaucoup plus allégorique que morale et historique.

La première partie est sur le titre du psaume, qui est dans les LXX : *Pour le bien-aimé*, et dans l'hébreu : *Pour les lis* ou *pour les fleurs*. Il prend de là occasion de faire la louange des vierges. Dans la seconde partie il explique ce qui, dans le psaume, concerne la beauté

---

[1] *Exp. in Matth. præf. lib. V.*

de l'époux et l'applique à Jésus-Christ. Dans la troisième, il applique à l'Eglise ce qui est dit de l'épouse.

Il recommande aux religieuses, non seulement d'éviter l'oisiveté, mais de faire un saint usage de leur temps. Il les représente comme obligées à une clôture perpétuelle.

3° *Expositio in Lamentationes Jeremiæ*, qu'il dit dans le prologue avoir composée, épuisé par la lassitude d'une longue vie, 5 livres. Il donne à son texte trois différentes explications :

1° Explication littérale qui regarde l'ancienne Jérusalem ; 2° Explication spirituelle et mystique par rapport à l'Eglise ; 3° Explication morale qu'il applique à l'âme de chaque chrétien ([1]). Paschase est persuadé que Jérémie ne déplore pas seulement la destruction du temple de Jérusalem, arrivée de son temps, mais gémit encore, grâce à une vue prophétique, sur la ruine de la ville aux temps de Vespasien et de Titus, et sur les malheurs de l'Eglise et de chaque fidèle.

§ 2. — Ouvrages principaux.

Ce sont les ouvrages dogmatiques de Paschase sur la Cène et sur la Vierge Marie.

1° *De Partu Virginis*. Paschase y défend l'accouchement miraculeux de Marie. Il est déjà vieux (*multo senio confectus*) quand il écrit. Son traité est adressé à l'abbesse ([2])

([1]) *Hist. litt. de France*, t. V, p. 293.

([2]) Probablement à l'abbesse Imma. Si l'abbesse est Théodrade l'ouvrage est antérieur à 846, époque où elle mourut ; l'*Hist. litt. de France* place la composition en 855.

et aux religieuses de Soissons ses anciennes bienfaitrices; c'est un traité polémique contre les idées de Ratramne. On y trouve les premières traces de la doctrine
de l'Immaculée Conception. Paschase déclare que Marie
fut sans péché dès sa naissance, qu'elle fut sanctifiée dans
le sein de sa mère (*sanctificata in utero matris*) (¹). Sans
cela elle n'aurait pas été digne de devenir la mère du
Sauveur. Notons que, pour notre auteur, Jésus est sorti
du sein de sa mère, comme à la résurrection il sortit
du tombeau fermé, et comme il parut au milieu des disciples quand la porte de la maison était fermée. Jésus
en venant au monde est sorti des entrailles de la Vierge
en pénétrant sa substance.

2° *De fide, spe et charitate*, composé à la demande de
Warin pour l'instruction de la jeunesse. Les maximes
qu'il expose ne sont pour la plupart que des maximes
augustiniennes enchaînées avec suite et avec ordre.

Viennent ensuite les deux ouvrages sur la Cène.

3° *Liber de corpore et sanguine Domini*, livre qui a fait
la renommée de notre auteur, et qui fait époque dans
l'histoire du dogme de la Cène. Il fut écrit en 831 comme
nous l'avons dit, au moment où Wala est en exil. Paschase
l'adresse à Warin pour l'instruction de ses jeunes moines.
Le livre se répandit, et en 844 lorsque Paschase fut élu
abbé, il l'envoya à Charles le Chauve sur la demande du
roi, sans y faire de changements importants; la controverse n'avait pas encore éclaté.

Comme le titre l'indique, ce n'est pas uniquement un

______

(¹) *Sanctificata* n'est pas encore devenu le *sancta* qu'on trouvera
plus tard.

traité sur la Cène, mais un exposé de nos relations avec le Sauveur par son corps et son sang.

Le plan de l'auteur n'est pas clair, il revient plusieurs fois sur des idées qu'il a déjà traitées; cependant Hausher a trouvé la division suivante qui, sans être parfaite, correspond assez bien au contenu du livre :

I. De la présence du Christ dans l'eucharistie (I à V).

II. L'eucharistie en tant que sacrement, ou communion (VI à VIII).

III. L'eucharistie comme sacrifice (IX à XI).

IV. De la distribution du sacrement (XII à XV).

V. Effets de l'eucharistie (XVI à XX).

VI. Relations spéciales de ce mystère avec l'Eglise et ses membres (XXI et XXII).

Nous reviendrons en détail sur le contenu de l'ouvrage dans la 2ᵉ partie de cette étude.

Dans la plupart des manuscrits, le texte est partagé en 22 chapitres. Il est peu probable que cette division provienne de l'auteur, puisqu'à la fin du Xᵉ siècle des exemplaires portaient 100 chapitres, à ce que dit Gerbert. D'après Martène, ces 100 chapitres sont probablement les mêmes que les 99 du *Codex Laubiensis*. Il est certain que plusieurs de nos chapitres actuels contiennent bien plus que ne le feraient supposer les suscriptions. Aussi avons-nous laissé celles-ci de côté; dans notre analyse du livre, un certain nombre d'entre elles servent de titre aux paragraphes secondaires.

Les éditions du livre ont une histoire intéressante. La première, de Job Gast, à Haguenau, en 1528, fut complètement falsifiée par son éditeur luthérien; la seconde, de Guillaume Ratus, à Rouen 1540, n'est qu'une copie de la précédente. Nicolas Mameranus, un Luxembourgeois, fut le premier à découvrir la fraude en comparant les manuscrits, il publia le texte authentique à Cologne, en 1550. Les éditions corrigées sont ensuite celle de Ulimmer, de Sirmond (Paris 1618). La meilleure est celle de la collection Martène et Durand, tome IX; elle offre un texte critique, cependant elle a aussi des lacunes. C'est à cette dernière édition que nous référons pour tout ce qui concerne le *Liber de corpore et sanguine Domini*. Pour les autres ouvrages nous citons d'après l'édition Sirmond.

4° *Epistola ad Frudegardum*. Composée à un âge avancé, adressée à un moine inconnu. Il a terminé son commentaire (il en cite un fragment) et il écrit dans un endroit où les livres nécessaires lui manquent (ce n'est donc pas à Corbie, peut-être à Saint-Riquier?). Il sait que beaucoup combattent l'opinion qu'il a exposée dans son livre, mais aussi que beaucoup ont été amenés à une connaissance meilleure du mystère.

Comme écrivain, Paschase manque de clarté, son style est diffus, souvent peu intelligible. Il ne craint pas de se contredire; il manque aussi d'originalité, mais ce qui fait l'intérêt de ses œuvres, c'est le souffle religieux que l'on y respire, l'élévation morale dont elles portent l'empreinte.

Seconde Partie

LA THÉORIE DE PASCHASE RADBERT
SUR LE CORPS ET LE SANG DU SEIGNEUR,
SA PLACE DANS L'HISTOIRE DU DOGME DE LA CÈNE.

CHAPITRE Ier

Analyse du livre du
« Corps et du sang du Seigneur. »

§ 1. — De la présence du Christ dans l'eucharistie.

A. — Pour expliquer ce mystère, *Radbert part des principes suivants :*

1° *Tout être existe par la volonté de Dieu.* L'ordre de la nature se modifie d'après cette volonté, les créatures demeurant toujours dépendantes de Dieu.

2° *Dieu peut à volonté intervenir dans l'ordre de la nature,* c'est-à-dire: il peut produire des miracles.

Que personne donc ne soit troublé de ce que, dans ce

mystère, il y a la vraie chair et le vrai sang du Christ sous la figure du pain et du vin.

Il faut croire qu'*après la consécration, ceux-ci ne sont pas autre chose que la chair et le sang du Christ*[1].

Si la Vérité elle-même témoigne de la présence de la chair du Christ sous la forme du pain, nous ne devons pas douter que cela ne soit possible. « Ceci est ma chair — dit-elle — que je donne pour la vie du monde[2]. » « Et cette chair, ajoute Radbert, n'est pas autre que celle qui est née de la vierge Marie, a souffert sur la croix et est sortie du tombeau[3]. »

Les nombreux miracles, rapportés dans l'Ecriture sainte et que la foi seule comprend, prouvent que rien n'est impossible à Dieu (passage de la mer Rouge, eau changée en sang par Moïse, en vin par Jésus, jeunes hommes dans la fournaise, multiplication des pains).

La volonté de Dieu qui est puissance et sagesse, est l'unique cause première de tous les phénomènes naturels, ordinaires et extraordinaires.

3° *Ce que Dieu exige de nous, c'est d'abord une vraie foi.* Le croyant qui mange dignement cette chair reçoit la vie éternelle.

Tous les autres miracles ont pour but d'amener à croire que Christ est la vérité. Or la vérité est Dieu, et si Dieu est la vérité, tout ce que Christ a promis dans ce mystère est vrai. C'est donc la vraie chair et le vrai sang du

[1] Nihil aliud quam caro Christi et sanguis post consecrationem credenda sunt. I, 2.

[2] Jean VI, 51.

[3] Non alia plane, quam quae nata est de Maria, et passa in cruce, et resurrexit de sepulchro. I, 2

Christ. Mais il n'y a de changement qu'intérieurement,
et non dans l'apparence extérieure et dans le goût, afin
que la foi soit exercée (¹). Comme pour l'arbre de vie du
paradis, c'est ici la puissance cachée de Dieu qui donne
la vie. La vie cachée sous le voile de la chair, ne peut
être transmise qu'à ceux qui reçoivent avec foi la chair
du Verbe-Dieu et demeurent en lui. Si le Verbe-Dieu
dont la chair est donnée pour la vie du monde, demeure
en nous, et nous en lui, il est juste que nous vivions de
lui, nous nourrissant de sa chair et buvant son sang (²).
Cette union et cette communication de vie font la fermeté
de notre foi. Si on recherche ici l'ordre de la nature, la
raison succombe, et cependant la vérité du fait demeure
en dehors de la raison. (Chap. I.)

4° *Dieu demande ensuite la connaissance du mystère.*
La foi et la connaissance doivent s'appuyer mutuellement
pour arriver à comprendre la puissance et la dignité de
ce mystère, car celui qui ne croit pas, et ne sait pas que
c'est véritablement (³) le corps et le sang du Seigneur
qui sont reçus dans le sacrement, n'en retire aucun
profit. La foi seule, sans le savoir, ne peut se défendre
utilement, et inversement, le savoir ne peut prospérer
sans la foi. Celui qui par ignorance est empêché de voir

(¹) Visu corporeo et gustu propterea non demutantur, quatenus
fides exerceatur ad justitiam. 1, 5.

(²) Justum est quia in illo sumus, ut ex eo vivamus, et fide carne
verbi vescimur et potamur sanguine. Hæc est, inquam, firmitas fidei
nostræ, hæc unitas et vitæ communicatio, ubi si naturæ ordo requi-
ritur, succumbit ratio, et tamen manet extra humanam rationem facti
veritas. I, 6.

(³) Secundum veritatem. II, 2.

un si grand mystère (¹) du corps et du sang du Christ, n'a pas la permission d'en manger (²). « Il reçoit le sacrement avec ignorance, celui qui ignore complètement sa puissance, son prix et ses particularités, celui qui ne sait pas réellement que ce sont le corps et le sang du Seigneur, qui sont véritablement reçus dans le sacrement par la foi. Cet homme reçoit bien le mystère, mais il n'en connaît pas la vertu (³). »

Il faut donc discerner avec soin ces choses divines, et les recevoir dignement, avec le palais de l'esprit et le goût de la foi, alors notre homme intérieur est incorporé au Christ par la puissance de la foi (⁴).

Si nous recevons bien le sacrement, le Saint-Esprit qui est en nous, est augmenté, et il prépare et dispose nos sens à percevoir ces choses, en sorte que non seulement il conduit intérieurement notre goût aux mystères, mais il éclaire encore jusqu'à un certain point l'odorat et le tact, afin qu'on ne sente plus rien que ce qui est divin et céleste (⁵).

On comprend qu'une chose sensible soit transformée divinement en la chair et le sang du Christ, par la puissance de Dieu, au moyen de la parole du Seigneur.

(¹) Per ignorantiam tanti mysterii obcaecatur. II. 2.

(²) Non habet potestatem edendi. II, 2.

(³) Hic quidem mysterium accipit, sed rescit mysterii virtutem. II, 2.

(⁴) Divina intelligibiliter interior homo noster per Christi gratiam excipit, et per ea virtute fidei Christo incorporatur. II, 2.

(⁵) Quomodo sensibilis res intelligibiliter virtute Dei per Verbum Christi in carnem ipsius et sanguinem divinitus transferatur, vel qualiter per haec communicantes ad spiritalia nutriantur. II, 2.

Ce sacrement dans lequel Christ lui-même agit, et pénétre l'homme tout entier, nous délivre de l'ignorance et nous détourne des attraits charnels de cette vie.

Quoique la chair et le sang du Christ *soient mangés chaque jour par tous*, l'Agneau demeure cependant vivant et intact. En effet, il ne meurt plus, la mort ne dominera plus sur lui, mais immolé chaque jour véritablement dans le mystère ([1]), il est mangé pour la purification des péchés.

L'homme n'est sanctifié par le Seigneur que s'il est instruit dans la connaissance du sacrement, autrement il est complètement ignoré du Seigneur. (Chap. II.)

B. — *Les sacrements, ce qu'ils sont, et pourquoi ils sont nommés ainsi.*

« Un sacrement est ce qui, dans une cérémonie religieuse, nous est donné comme gage du salut; tandis que le rite accompli est visible, il produit intérieurement un effet bien différent, invisible, qui doit être reçu saintement ([2]). » Exemples de sacrements : les sacrements de l'Eglise, le baptême, l'onction ([3]), le sacrement du corps

---

([1]) In mysterio quotidie veraciter immolatus, in absolutionem delictorum comeditur. II, 3.

([2]) Sacramentum igitur est quicquid in aliqua celebratione divina nobis quasi pignus salutis traditur, cum res gesta visibilis, longe aliud invisibile intus operatur, quod sancte accipiendum sit. III, 1.

([3]) L'éditeur fait remarquer que d'après Bellarmin, l. II, chap. 27, il ne s'agit pas ici du nombre des sacrements : c'est pour cela que Radbert n'en nomme que trois.

Malgré cette remarque rassurante, Hausher croit bon de traduire *chrisma* par *confirmation*. Il eût été dangereux qu'on s'aperçût que

et du sang du Seigneur. Dans un sens plus large, on appelle aussi sacrements, le serment (*sacramentum juris*), l'incarnation du Christ, et enfin la sainte Ecriture.

Comment ces sacrements procurent-ils le salut? — Par le baptême nous sommes délivrés du mal et enfantés membres du corps spirituel du Christ ([1]). De même que la vie entre dans l'enfant encore enfermé dans le sein de sa mère, de même le Saint-Esprit entre dans l'enfant baptisé avant qu'on l'ait sorti de l'eau. Quant à l'eucharistie, elle conduit à l'achèvement de l'union avec Christ en un seul corps. Conclusion : C'est le Saint-Esprit qui agit dans tous ces sacrements. Il éclaire nos cœurs dans la lecture des saintes Ecritures; c'est lui qui a créé l'homme-Christ dans le sein de la Vierge et qui « chaque jour fait de la substance du pain et du vin la chair et le sang du Christ par sa puissance invisible. » (Chap. III.)

C. — *La présence du Christ dans le sacrement est-elle en figure ou en vérité?*

Que Christ soit réellement présent dans le sacrement, cela ressort des paroles de la « Vérité » elle-même dans Jean VI : « Ma chair est véritablement une nourriture et mon sang est véritablement un breuvage. » « Celui qui mange ma chair et boit mon sang demeure en moi, et moi en lui ([2]). »

Radbert ne parle pas ici de ce sacrement qui, dans la doctrine catholique, a une relation si étroite avec le baptême et l'eucharistie. *Op. cit.*, p. 149, 152.

[1] La croissance se fait par la confirmation, ajoute Hausher dans un de ses en-têtes, p. 162.

[2] Jean VI, 55, 56.

« Si donc il y a réellement nourriture, c'est une vraie chair, s'il y a réellement breuvage, c'est aussi un vrai sang (¹). Mais comme il n'est pas permis que Christ soit mangé avec les dents (²), il a voulu que dans ce mystère ce pain et ce vin deviennent sa chair et son sang par la puissance créatrice et la consécration du Saint-Esprit. Par cette création, il a voulu être immolé dans le mystère chaque jour, pour la vie du monde. En sorte que, de même que de la vraie chair a été créée dans le sein d'une vierge par le moyen de l'Esprit (³), sans intervention humaine, de même aussi par le même Esprit, le même corps et le même sang de Christ sont créés dans le mystère, par la consécration, avec la substance du pain et du vin (⁴).

Au sujet de cette chair et de ce sang, Jésus dit : « En vérité, je vous dis que si vous ne mangez la chair du Fils de l'homme et ne buvez son sang, vous n'aurez pas la vie éternelle en vous. » Il ne parle donc pas d'une autre chair que sa vraie chair, ni d'un autre sang que son vrai sang, en mystère (*mystice*) il est vrai.

Quelle est la nature ou le comment de cette présence?

Est-ce une figure ou une vérité? — *Le sacrement est à la fois vérité et figure.* « La figure c'est le signe de la

(¹) Ergo si verus est cibus et vera caro : et si vere est potus, utique et verus sanguis. IV, p. 392, A.

(²) Quia Christum vorari fas dentibus non est. VI, 1.

(³) Voluit in mysterio hunc panem et vinum vere carnem suam et sanguinem consecratione Spiritus Sancti potentialiter creari. IV, p. 392 A.

(⁴) Ex substantia panis ac vini mystice Christi corpus et sanguis consecratur. IV, 1. Sur le sens de *potentialiter*, de *mystice* et de *consecrare*, voyez Rückert, *op. cit.*, pp. 353, 350 et 352.

vérité que l'on perçoit extérieurement ; la vérité c'est
tout ce que l'on comprend et ce que l'on croit avec raison
intérieurement, sur ce mystère (¹). »

Christ, l'homme-Dieu est lui aussi en même temps figure
et vérité, nature humaine (figure ou empreinte de la substance de Dieu) et nature divine (reflet de sa gloire) (²), et
cependant il n'y a qu'un seul et véritable Christ-Dieu
(*Christus Deus*).

Radbert compare l'humanité du Christ et les signes
d'écriture : Par ceux-ci « nous arrivons d'abord à lire,
puis à comprendre le sens des Écritures, de même par
l'humanité de Christ nous parvenons à la divinité de son
Père. » C'est ainsi que Christ « nous a laissé ce sacrement
visible, figure et empreinte de sa chair et de son sang,
afin que par lui notre esprit et notre chair soient nourris
plus abondamment pour saisir par la foi ce qui est invisible et spirituel. »

Le sacrement est aussi vérité. « C'est la vraie chair du
Christ qui a été crucifiée et ensevelie ; c'est bien le sacrement de cette chair qui est offert par le prêtre sur l'autel.

Il ne faut pas rechercher ici l'ordre de la nature, mais
il faut ne pas douter du fait de la présence réelle et
marcher par la foi, non par la vue. (Chap. IV.)

Radbert cherche maintenant des preuves dans les
symboles de l'ancienne alliance.

Plusieurs n'ont de signification que par la vérité de ce
mystère. Saint Paul déclare que tous nos pères ont mangé

(¹) Si veraciter inspicimus jure simul veritas et figura dicitur, ut
sit figura vel character veritatis quod exterius sentitur, veritas vero
quicquid de hoc mysterio interius recte intelligitur et creditur.
IV. 2.

(²) Hébreux I, 3.

la même nourriture spirituelle et bu le même breuvage
spirituel. Pour ceux qui la recevaient spirituellement, la
manne fut le type de la nourriture du corps de Christ, et
l'eau qui coula du rocher, la figure du breuvage de son
sang. Tout cela était la figure de la vérité (¹), maintenant
le mystère de vérité est réalisé, et par la résurrection,
l'eucharistie est devenue la chair de Christ, elle qui était
auparavant représentée par un agneau ou par l'assemblée
elle-même à ceux qui avaient foi en ce qui devait venir.

David a déjà chanté ce pain sacré qui vient du ciel.
« L'homme, dit-il, a mangé le pain des anges (²). » Christ
est la nourriture des anges, et ce sacrement est sa vraie
chair et son sang, que l'homme mange et boit spirituellement. L'homme aussi vit de cela dont vivent les anges,
parce que tout est spirituel et divin dans ce que reçoit
l'homme (³).

Soupirant après la promesse, nos pères y participaient
par la foi seulement, et comprenaient le sacrement de
vérité par les figures. Mais nous avons reçu déjà depuis
longtemps cette grâce promise aux pères, nous l'adorons,
et nous en mangeons et buvons, nous goûtons la vérité
seule, non obscurcie par les symboles de la loi.

Nous n'y goûtons rien de charnel, mais comprenant
spirituellement que tout est spirituel, nous demeurons en
Christ (⁴).

Les pères obtenaient l'intelligence spirituelle de la

(¹) Necdum in re, sed in specie ac figura. V, 3.

(²) Psaume LXXVII.

(³) Ac per hoc unde vivunt angeli, vivit et homo, quia totum spiritale est et divinum in eo quod percipit homo. V, 1.

(⁴) Nos autem dum nihil carnale in eo sapimus, immo spiritale totum spiritaliter intelligentes in Christo manemus. V, 2.

vérité et les sacrements de la foi quoique futurs ; en sorte qu'en esprit, ce qu'ils buvaient déjà par l'espérance, ne leur faisait pas défaut.

Nous aussi, nous buvons spirituellement et nous mangeons la chair spirituelle de Christ. Goûter selon la chair c'est la mort, tandis que recevoir spirituellement la vraie chair de Christ, c'est la vie éternelle [1]. (Chap. V.)

§ 2. — *L'eucharistie en tant que sacrement ou communion.*

A. — *Le but de ce sacrement et d'une digne communion, c'est l'union avec le corps du Christ.*

Il y a des conditions à remplir pour communier dignement : Il faut demeurer en Christ. « Celui qui mange ma chair et qui boit mon sang, demeure en moi et moi en lui. D'ailleurs, s'il ne demeure d'abord en moi et moi en lui, il ne peut manger ma chair ni boire mon sang [2]. »

De là résulte une différence essentielle entre la communion du juste et celle du pécheur.

Qu'est-ce donc que mangent les hommes [3]? Voici,

[1] Bibimus quoque et nos spiritaliter ac comedimus spiritalem Christi carnem, in qua vita æterna esse creditur: alioquin sapere secundum carnem mors est, et tamen veram Christi carnem spiritaliter percipere, vita æterna est. V, 3.

[2] Hoc est manducare illius carnem et sanguinem bibere, si in Christo maneas, et Christus in illo qui percipit digne manere possit. VI, 1.

[3] Quid est quod manducant homines ? Ecce omnes indifferenter quam sæpe sacramenta altaris percipiunt. Percipiunt plane, sed alius

tous reçoivent les sacrements à l'autel, mais que de fois
avec indifférence; ils les reçoivent, cela est vrai : l'un
mange la chair du Christ et boit son sang d'une
façon spirituelle, mais non un autre, quoiqu'on le voie
recevoir la bouchée de pain de la main du prêtre.
Et s'il n'y a qu'une seule consécration, que reçoit
celui-ci, s'il ne reçoit pas le corps et le sang du Christ?
En vérité, puisqu'étant coupable il reçoit indignement le sacrement, il mange et boit sa condamnation,
ne s'éprouvant pas lui-même premièrement et ne discer-
nant pas le corps du Seigneur, comme dit l'apôtre saint
Paul[1]. Voilà ce que mange et ce que boit le pécheur; il
ne reçoit pas la chair et le sang avec profit, il reçoit la
condamnation...[2] L'infidèle pense en effet que, quoique
indigne, il peut recevoir une chose qui est digne de respect
et sainte, parcequ'il n'attend rien que ce qu'il voit, et ne discerne que ce qu'il perçoit avec la bouche. Il ne pense pas
et ne s'imagine pas du tout recevoir une si grande condamnation; et parce qu'il voit tous manger visiblement
la même chose, il n'est pas suffisamment à même de sentir
par la foi s'il s'y trouve quelque vertu supérieure. [3]

carnem Christi spiritaliter manducat et sanguinem bibit, alius vero
non, quamvis buccellam de manu sacerdotis videatur percipere. E.
quid accipit, cum una sit consecratio, si corpus et sanguinem Christi
non accipit? VI, 2.

[1] Vere, quia reus indigne accipit, sicut Paulus apostolus ait :
Judicium sibi manducat et bibit, non probans se prius, nec dijudicans
corpus Domini. VI, 2, p. 397.

[2] Ecce quid manducat peccator et quid bibit ? Non utique sibi
carnem utiliter et sanguinem, sed judicium, licet videatur cum
ceteris sacramentum altaris percipere. VI, 2, p. 397.

[3] Nec si aliqua sit ultra virtus in eo satis ex fide sapit. VI, 2.

C'est pourquoi l'efficacité du sacrement est détruite pour lui, et en même temps sa condamnation est doublée à cause de sa présomption.

Aussi que l'homme s'examine avec soin, pour qu'il sache s'il est en Christ. Qu'il discerne le corps du Seigneur, la grandeur et la puissance du sacrement, parce que celui-ci est divin et spirituel. Un exemple montrera combien cela est nécessaire. Un jour que l'évêque Syrus distribuait la Cène, un Juif audacieux entra prendre le corps du Seigneur, se proposant de le jeter sur des ordures. Il se mêla à la foule des fidèles et reçut le corps du Seigneur dans une bouche impure. Il ouvrit la bouche pour le cracher, et se mit à pousser des cris : il voulait fermer les lèvres et ne pouvait pas, il voulait prononcer des paroles, mais sa langue raidie ne lui permettait pas de parler. Il se tordait dans d'affreuses souffrances, comme s'il avait un serpent de feu dans la bouche. Toute l'église retentissait de ses cris et les fidèles se réjouissaient de l'efficacité d'un si beau miracle du Christ. Le Juif, en proie à une douleur atroce, ne cessait d'émettre des sons inarticulés ; il avait dans le gosier le supplice que méritait sa perversité. Ceux qui regardaient avec attention, voyaient le corps du Seigneur suspendu dans sa bouche par un équilibre merveilleux, en sorte qu'en bas il ne touchait pas les tissus de la langue, ni en haut son palais impur. Les fidèles intercédèrent en faveur du malheureux, et Syrus, tendant la main, enleva le mystère de la sainte eucharistie de la bouche de ce sacrilège. Le Juif se jeta à ses pieds déclarant qu'il croirait à Christ le Seigneur, si Syrus le baptisait et le recevait dans la sainte assemblée. Après son baptême, beaucoup d'autres Juifs furent ajoutés à l'Eglise. (Chap. VI.)

L'expression « corps de Christ » a diverses significations.

Par « corps de Christ », l'Ecriture sainte désigne :

1° L'Eglise universelle du Christ. L'Eglise est le corps du Christ ; Christ est la tête de ce corps, et les élus en sont les membres. Celui qui fait du membre du Christ le membre d'une prostituée ou du diable, ne fait plus partie du corps du Christ. Il ne lui est donc pas permis de manger le corps du Christ dans le mystère, corps qui est consacré chaque jour par le Saint-Esprit pour être la vraie chair du Christ (¹) ; mais ceux-là seuls qui font partie du corps du Christ s'en nourrissent dignement (²).

2° Le corps que Christ a eu pendant sa vie et qui a été crucifié ; maintenant il est entré dans les cieux, et devenu pontife pour l'éternité, intercède pour nous. Mais comment se fait-il que la chair de ce corps ne diminue pas, que l'A-gneau demeure vivant et intact ? (³) Radbert répond en citant l'exemple de l'huile et des pains qui n'ont pas diminué, tout en rassasiant un grand nombre de gens. Christ est le bois de vie dans l'Eglise, arbre dont celui du paradis fut l'image. De même que ceux qui auraient mangé de ce dernier

(¹) Idcirco ei jure non licet edere de hoc mystico corpore Christi ; quod sane corpus, ut vera sit caro Christi, pro mundi vitâ quotidie per Spirit. Sanct. consecratur VII, 1, p. 399 D. (mysticum = in mysterio.)

(²) Vescuntur eo condigne qui sunt in corpore illius, ut solum corpus Christi dum est in viâ ipsius carne reficiatur, et discat nihil aliud esurire quam Christum, nihil sitire nisi Christum, nihil aliud sapere quam Christum, non aliunde vivere, non aliud esse quam corpus Christi.

(³) Licet ab ommibus Christi caro et sanguis quotidie comedatur, ipse tamen agnus vivus et integer permanet. VII. 2.

arbre, en observant les ordres de Dieu, ne seraient jamais morts corporellement, de même tous ceux qui mangent spirituellement de cet autre arbre de son corps (*ex hoc ligno corporis*), seront immortels dans leur esprit.

Enfin 3° Par «corps de Christ», on peut entendre d'une façon typique la sainte Écriture, l'enseignement de Jésus-Christ. (Chap. VII.) (1)

B. — *Si le but de ce sacrement est l'union avec le corps du Christ, la communion indigne est une abomination.*

La communion indigne est le plus grand crime qu'il y ait. Judas en est un exemple terrible. Celui qui pense qu'il n'y a dans le sacrement rien de plus que ce que l'on voit, ne comprend pas que l'on ne reçoit dignement la chair du Christ que de sa main et de l'autel élevé où il se tient pour tous, grand-prêtre des biens futurs. Aussi le prêtre quand il commence l'immolation dit-il entre autres : « Ordonne que cela soit transporté par les mains de ton saint ange à l'autel élevé, en présence de la majesté divine. » Et si ce pain et cette chair sont présentés si subitement dans le ciel, lorsqu'ils sont toujours visibles dans la main du prêtre, c'est que c'est là un sacrement, un mystère. «Si en effet tout devenait visible, il n'y aurait là aucun mystère ou secret, aucune foi, aucune force spirituelle, rien d'autre que ce qui est présenté à la vue et au goût (2). »

(1) D'après Rückert, Paschase distingue : 1° un sens figuré du terme «corps de Christ», et qui désigne la sainte Église de Dieu ; 2° le sens propre : le corps né de la Vierge Marie ; 3° le sens mystique : le corps de la Cène. Ce n'est pas clair. Rückert, *op. cit.* p. 342.

(2) VIII, 2.

Comme pour ceux qui mangeaient la manne, l'homme qui mange cette nourriture d'une façon spirituelle, reçoit la vie; celui qui la mange d'une façon charnelle, reçoit la mort, le châtiment du péché.

« Aussi, ô homme, apprends à sentir autre chose que ce qui est goûté par la bouche de la chair, à voir autre chose que ce qui est montré aux yeux de la chair. » «Comprends que ces choses étant spirituelles, elles sont portées dans les hauteurs, en présence de la majesté divine, ni d'une façon pour ainsi dire locale, ni d'une façon charnelle. » (¹) Demande-toi s'il y a quelque chose de corporel, qui soit plus sublime que la substance du pain et du vin changée efficacement à l'intérieur en chair et en sang de Christ. » « L'autel où Christ se tient, n'est autre que son corps par lequel et dans lequel il offre à Dieu le Père les vœux des fidèles et la foi des croyants. »

Les anges entourent cet autel. C'est Christ lui-même qui donne le sacrement, quoique ce soit le prêtre visible que l'on voie le distribuer à chacun. Mais, tandis que le prêtre le donne à tous indifféremment, par ignorance, Christ distingue intérieurement par son pouvoir divin, à qui le sacrement est accordé comme remède, et à qui il est accordé comme condamnation (²).

Dieu a horreur de la *communion indigne*. Déjà dans l'ancienne alliance, la profanation des offrandes était punie

---

(¹) Disce aliud gustare quam quod ore carnis sentitur, aliud videre quam quod oculis istis carneis monstratur. Disce quia Deus spiritus inlocaliter ubique est. Intellige quia spiritalia haec sicut nec localiter sic utique nec carnaliter ante conspectum divinae majestatis in sublime feruntur. VIII, 2.

(²) Virtute majestatis suae interius cui ad remedium cuique ad judicium tribuatur divinitus discernit. VIII, 3.

de mort (¹); mais si quelqu'un communie indignement, et que l'impureté du péché soit dans son âme, il reçoit la condamnation et Dieu l'a en aversion. Cette loi de l'ancienne alliance avait été donnée en perspective de ce sacrement. Celui qui prend le sacrement indignement, commet un péché d'orgueil, et un sacrilège contre Dieu. « Si un homme pèche contre Dieu, qui intercèdera pour lui (²)? disait Héli à ses fils. L'exemple de ces fils d'Héli et la vision d'Ezéchiel (³), montrent la gravité de ce péché.

La communion indigne amène des infirmités et des maladies chez le peuple de Christ, sans elle ces maux seraient moins fréquents. Cela vient de la compassion de Dieu, car une punition manifeste effrayerait les hommes et ne les convertirait pas. Mais malheur à celui qui abuse de la longanimité de Dieu! Ceux qui se convertissent ne sont redevables qu'à Dieu de leur salut; Christ, le Dieu-homme, intercède pour eux, lui seul peut le faire, car ils ont péché contre Dieu. (Chap. VIII.)

§ 3. — L'eucharistie comme sacrifice.

A. — *Pourquoi ce sacrifice* (⁴) *est renouvelé chaque jour*

(¹) Lévitique XXII, 3.

(²) II Samuel II, 25.

(³) Ezéchiel IX. Cette vision montre les péchés de Jérusalem et les abominations qui se commettaient dans le temple. L'autel intérieur d'Ezéchiel est le symbole de l'autel où les prières et les vœux de chacun sont offerts par le grand prêtre, Christ. L'autel d'airain, qui est dans le vestibule, est l'autel du présent siècle. Auprès de lui se tient Christ (l'homme vêtu de lin), qui sépare les saints des pécheurs. — Le signe dont sont marqués ceux qui gémissent sur les abominations, c'est pour Radbert le signe Tau (signe de la croix).

(⁴) Oblatio.

quoique Christ ait souffert une fois sur la croix et qu'il ait sauvé le monde en subissant une fois la mort.

C'est 1° Afin que nous obtenions la rémission des péchés que nous commettons chaque jour [1].

2° Afin que l'arbre de vie soit au milieu de nous, et offre au pécheur l'espérance, et l'occasion de rentrer en communion de vie avec Christ, par la repentance.

La 3ᵉ raison, c'est d'arriver à l'union intime des membres avec leur tête, Christ.

Le Père et le Fils sont *un* par l'accord et la conformité des sentiments, — donc par la volonté, — mais Christ étant né substantiellement de Dieu, il est par sa nature ce qu'est son Père, et par là les deux sont *un* par l'unité de la nature.

Et de même, on peut bien dire que Christ demeure en nous, comme nous demeurons en lui, non seulement par l'harmonie de la volonté, mais aussi par nature, car si le Verbe a été fait chair, nous recevons véritablement le Verbe fait chair dans la nourriture dominicale [2]. Par cette union substantielle s'explique alors la médiation de Christ qui nous conduit à l'unité avec la divinité. Christ demeure en Dieu, et il demeure aussi en nous.

Par le baptême nous naissons de nouveau en Christ, et par le sacrement, Christ demeure en nous non seulement par la foi, mais par l'unité de la chair et du sang [3]. Etant

---

[1] Quotidie tollit peccata mundi, lavatque nos a peccatis nostris quotidie in sanguine suo, quum ejusdem beatæ passionis ad altare memoria replicatur. IX, 2.

[2] IX, 4.

[3] Non solum fide, sed etiam unitate corporis et sanguinis, ut nihil aliud quam corpus ejus et sanguis inveniamur. IX, 5.

déjà membres de Christ, nous nous nourrissons de sa chair, afin que l'on ne trouve plus rien en nous que son corps et son sang.

La 4e raison enfin, c'est la mémoire de la passion de Christ. Il faut que les hommes apprennent que Dieu les a aimés, et que son Fils a voulu mourir pour eux.

Quelques-uns pensent que ce sacrement est célébré chaque jour, à cause des Juifs devenus chrétiens et habitués à immoler des offrandes au Seigneur. Ils se trompent. Christ est le grand prêtre pour tous, comme cela ressort du type de Melchisédek : en lui nous sommes tous un royaume de paix (Salem), une nation sainte, une sacrificature royale.

Dans les symboles de l'ancienne alliance (manne, liquides coulant du rocher), on pouvait goûter par avance le sacrement.

Radbert cite des anecdotes pour confirmer ce qu'il dit : Un enfant juif communie après avoir vu en vision une femme portant un petit enfant, et présentant la communion au prêtre pour qu'il la distribue. L'enfant raconte sa vision, son père enflammé de colère le jette dans une fournaise brûlante. Les habitants de la ville attirés par les cris de désespoir de la mère, examinent le four et trouvent l'enfant sain et sauf, qui dormait comme sur un lit de plumes. Ils saisissent le père et le jettent à son tour dans la fournaise. Il fut si bien brûlé qu'on ne retrouva pas même les restes de ses os. L'enfant crut, et beaucoup de Juifs avec lui. «Si de telles choses arrivent à un enfant qui n'avait pas la foi, et n'avait pas reçu le baptême, que sera-ce pour les croyants! »

Un homme est fait prisonnier à la guerre; sa femme le croit mort et offre à Dieu chaque semaine des hosties saintes, afin que les liens de l'âme de son époux soient détachés. Or il arrivait que réellement les liens du prisonnier se détachaient chaque fois que des hosties avaient été offertes.

Un prêtre faisait une cure de bains pour sa santé. Un inconnu s'empressait à le servir, enlevait ses souliers, prenait ses habits, lui présentait le linge quand il sortait du bain. Pour lui témoigner sa reconnaissance, le prêtre apporte deux couronnes du pain des offrandes. Mais l'autre répond : « Pourquoi me donnes-tu cela ? Ce pain est saint, je ne puis le manger. Moi que tu vois, j'ai été maître en ce lieu, mais à cause de mes fautes, j'ai été placé ici après ma mort. Si tu veux faire quelque chose pour moi, offre ce pain au Dieu tout-puissant en ma faveur et intercède pour mes péchés. Si tu viens te baigner et que tu ne me trouves plus, tu sauras que tu as été exaucé. » A ces mots il disparut, car il était esprit, quoiqu'il parût être un homme. Le prêtre pleura sur lui toute la semaine et offrit chaque jour des hosties. Quand il revint au bain, il ne le retrouva plus. (Chap. IX.)

B. — *De la célébration de ce mystère avec le pain et le vin.*

Le sacrement est célébré avec ces deux espèces, parce que, quoique vraie chair, Christ est cependant le pain de vie ([1]), le grain de froment tombé en terre. Le pain, qui est fait d'un grand nombre de grains, désigne bien notre union avec Christ (*unitas in Christo*) ; de même le vin, qui d'un grand nombre de raisins, devient une boisson.

([1]) Atque ideo nec mirum, si caro Christi panis dicitur, cum et caro sub specie panis visibili nihil aliud quam caro porrigitur. X. 1.

David a dit que le pain fortifie le cœur de l'homme et que le vin l'égaie (¹); on a raison de célébrer le sacrement avec ces deux espèces, parce que Christ est le pain descendu du ciel (²) et le vin qui réjouit le cœur des croyants. C'est de ce vin que Joseph s'enivra *mystice* avec ses frères, à midi, heure de la passion de Christ (³).

D'après le Cantique des Cantiques (V, 1), nous mangeons le pain avec le miel qui coule du rocher (lequel est Christ), en croyant qu'il y a en Christ deux natures : nature divine et nature humaine. Nous buvons le vin doux avec le lait, en comprenant, grâce à l'enseignement sacré, que le vin est son sang.

Tout cela prouve que les espèces du pain et du vin étaient destinées à présenter ce sacrement. Le pain qui est descendu du ciel est reçu dans ce mystère comme la chair qui a été crucifiée.

Pourquoi les espèces ne sont-elles pas transformées d'une façon visible ? Si elles l'étaient de façon à avoir le goût et la couleur de la chair et du sang, nous n'y gagnerions rien, et puis le mystère lui-même serait détruit (⁴). Ce

---

(¹) *David cecinerat in mysterio quod panis…* Cela signifie que dans un sens plus élevé, la même chose s'applique au pain et au vin de la Cène. Rückert, *op. cit.*, p. 350.

(²) Idem panis Christus qui de coelo descendit in hoc mysterio accipitur, sicut et caro quae in cruce pependit, quum integer deinceps Christus perseveret, licet ab omnibus quotidie edatur. X, 1, p. 421 E.

(³) *Mystice — in mysterio.* Voyez la note 2. Ce sens est manifeste au chap. XI, p. 64, note 1.

(⁴) Sapientia Dei Patris maluit hoc mysterium in speciem panis ac vini permanere, quam in colorem ac saporem carnis et sanguinis demutari, quia nec hoc est jam quod videtur, nec fieret illud amplius ut esset caro et sanguis, quam ut percipitur. X, 1.

serait aussi trop révoltant de communier ainsi. Mais celui-là communie d'une façon charnelle, qui ne croit pas que le sacrement est la chair et le sang de Christ, parce qu'il n'y a pas de changement d'apparence et de couleur extérieurement ([1]). Aussi nous devons prier Christ lui-même pour qu'il spiritualise nos sens et les prépare à le recevoir.

Le choix de ces espèces est aussi justifié par la relation entre ce sacrement et nous, car d'après le symbole de Melchisédek, le sacrement est la nourriture qui soutient et fortifie les justes. D'après le Cantique des Cantiques et le Psaume XXIII ce repas restaure ceux qui vont de ce qui est terrestre à ce qui est plus élevé ([2]). (Chap. X.)

C. — *Du mélange du vin et de l'eau.*

La raison de ce mélange, c'est que du sang et de l'eau coulèrent du côté de Jésus, et les apôtres ont voulu que rien ne manquât à la commémoration de la passion.

D'après plusieurs, le mélange est un symbole de notre justification : il contient en même temps l'eau du baptême et le sang, prix de notre rédemption. L'eau qui sortit du flanc de Christ, est ensuite une image de l'Eglise. Le mélange est aussi une image de notre union avec Christ : le vin sans eau, c'est Christ sans nous, l'eau seule, c'est nous sans Christ.

([1]) Ille carnaliter sapit, qui ideo non credit carnem Christi esse et sanguinem, quia speciem et colorem exterius non mutavit. X, 1, p. 422 C.

([2]) Psaume XXIII, v. 5. — Cantique des Cant. V, 1. « *Mangez, mes amis, et enivrez-vous, mes très chers.* » « On ne prend jamais une telle nourriture et une telle boisson sans être enivré du Saint-Esprit », dit Radbert.

L'eau est changée en vin par le moyen de la vigne, et nous sommes représentés par l'eau afin que chacun comprenne qu'il est reçu dans ce sang de Christ et transformé en quelque chose de mieux. *L'eau et le vin mêlés dans le mystère, sont changés en sang après la consécration* (¹). Cela signifie que l'homme doit passer tout entier de la chair et de l'âme à l'esprit, jusqu'à ce qu'il soit tout entier spirituel en Dieu. (Chap. XI.)

§ 4. — De la distribution du sacrement.

A. — *De celui qui distribue ce sacrement.*

« Là où le mystère est célébré avec la foi catholique, on ne reçoit rien de plus d'un bon prêtre et rien de moins d'un mauvais, que la chair de Christ et son sang. » Ce n'est pas le prêtre, mais Christ lui-même qui, par la vertu du Saint-Esprit, produit cette chair et ce sang, car il est le grand prêtre éternel qui offre son propre sang.

De même que, par la parole : « Croissez et multipliez, » sont encore créés aujourd'hui tous les êtres vivants, non pas à nouveau, mais de la même semence, ainsi aussi la chair de Christ devient chair par cette même parole. Dieu serait-il impuissant à créer de quelque chose ce que sans semence il avait créé dans le sein de la Vierge? Et cependant le corps de Christ demeure intact. Parce que Dieu l'a voulu une fois, et qu'il a ordonné que désormais le corps et le sang soient présents dans cette commémoration, il en arrive selon qu'il l'a ordonné.

(¹) Licet prius mystice vinum et aqua commisceantur, post consecrationem tamen nonnisi sanguis bibitur. Etsi tria ponuntur, nonnisi caro et sanguis postea recte creditur. XI, 2.

Le prêtre n'offre rien de lui-même, mais en vertu de son office; il ne dit pas qu'il puisse être celui qui crée le corps et le sang, parce que s'il le pouvait (ce qui est absurde), il deviendrait créateur du créateur [1], mais il adresse ses supplications au Père par le Fils.

Avant que le corps de Christ soit produit par la consécration, il n'y a qu'une simple offrande. L'indignité personnelle du prêtre n'a aucune influence sur sa charge, car le pouvoir de consacrer, conféré grâce à l'ordination et à la succession apostolique, est lié à l'office sacré du prêtre. Ce pouvoir est inutile pour le prêtre indigne lui-même, mais demeure utile pour la communauté.

Que les croyants ne regardent donc pas à la personnalité du prêtre, mais à ce que celui-ci donne, à ce que reçoit celui qui communie avec foi; car le sacrement conserve son efficacité et sa sainteté, même dans des mains indignes.

Il faut reconnaître les dons de Dieu même chez ses serviteurs indignes. Du reste, la grâce même du sacrement vient immédiatement de Dieu [2]. (Chap. XII.)

B. — *De la forme extérieure du sacrement.*

A l'ordinaire, cette forme n'est pas changée; c'est le pouvoir de la foi et de l'intelligence qui, malgré l'apparence extérieure, saisit la vérité interne.

---

[1] Sacerdos non ex se dicit, quod ipse creator corporis et sanguinis esse possit, quia si hoc posset, quod absurdum est, creator creatoris fieret. XII, 2.

[2] Quia etsi sacramentum gratiae dat Deus etiam per malos, ipsam vero gratiam nonnisi per seipsum, in qua est remissio peccatorum, quam tribuit interdum etiam et per sanctos suos. XII, 4.

Puisque nous avons reçu la similitude de la mort de Christ dans le baptême, il n'y a rien de plus raisonnable, que de recevoir aussi la similitude de sa chair et boire la similitude de son sang précieux, de telle sorte que la vérité ne fasse pas défaut dans le sacrement, mais qu'il n'y ait rien de ridicule pour les incrédules. Ceux-ci ne supporteraient pas de manger la chair de Christ et de boire son sang.

Enfin cette forme n'est pas changée pour ne pas supprimer la foi ou le mystère. (Chap. XIII.)

Cependant il y a des exceptions. Les apparitions du sacrement sous la forme d'un agneau, ou avec la couleur de la chair et du sang ont surtout pour but de fortifier les faibles dans la foi. Ce que la Vérité a promis, doit être cru sans qu'on le voie, mais la tendresse divine a voulu satisfaire quelques-uns complètement.

Saint Grégoire présenta un jour à une dame un morceau du corps du Seigneur en disant: « Que le corps de notre Seigneur te soit utile pour la rémission de tes péchés. » Elle se mit à rire, parce qu'elle avait reconnu dans ce morceau une portion des offrandes qu'elle présentait chaque dimanche. Grégoire demanda aux fidèles de prier avec lui le Seigneur, afin qu'il fortifiât la foi de la dame, en lui montrant d'une façon visible ce qu'elle ne pouvait croire. La dame revint à l'autel, et trouva le morceau couvert de sang, ressemblant à la partie charnue de l'oreille. « Apprends que ce pain que nous offrons est vraiment le corps de Christ, et que son sang est vraiment un breuvage, » dit Grégoire. Il pria et la chair et le sang reprirent leur forme première.

Un saint prêtre Plecgils, en Angleterre, avait un

profond désir de voir Jésus dans l'eucharistie, sous la forme d'un enfant. Un jour, tandis qu'il priait pour obtenir cette grâce, un ange lui dit : « Lève-toi promptement si tu veux voir Christ, il est là présent, regarde-le avec tes yeux, touche-le avec tes mains. » Et le prêtre tout tremblant reçut l'enfant Jésus dans ses bras, donna des baisers à Dieu, pressa de ses lèvres les lèvres du Christ. Puis il reposa l'enfant sur l'autel, et demanda à Dieu de lui rendre sa forme première, ce qui arriva ; alors seulement il distribua le corps et le sang du Seigneur.

Celui qui malgré ces miracles, ne croirait pas, serait bien inférieur aux Juifs qui recevaient la manne.

La leçon que donnent ces exemples, c'est qu'il ne faut pas regarder à l'apparence extérieure, parce que Dieu a accordé à ce sacrement d'être la chair et le sang de Christ. Il faut regarder à la vertu du sacrement, et le célébrer spirituellement, parce que son but est de nous attirer du visible à l'invisible et de nous faire chercher avec plus de zèle dans la foi, ce qui est encore caché pour nous. (Chap. XIV.)

C.— *Les paroles de consécration du pain et du vin.*

Le sacrement de l'eucharistie, comme le baptême, est consacré par des paroles de Christ. De même que la création de toutes choses se fit uniquement par la parole de Dieu, ainsi aussi la création du corps et du sang n'est possible qu'au moyen des paroles de Christ.

Il faut croire que les choses sont ainsi, puisqu'il l'a ordonné : « Prenez-en et mangez-en tous, car ceci est mon corps. Faites ceci en mémoire de moi. »

C'est Christ qui dans ce mystère rend grâces, bénit, rompt le pain et le distribue aux croyants. « Recevez-en et buvez-en tous, tant ministres que croyants. »

Le vin est changé en sang, quand il dit : « Ceci est la coupe de mon sang, du testament nouveau et éternel. » C'est là le « mystère de la foi ». Par l'image de ce sang, le peuple de l'ancienne alliance a été sanctifié, mais ce sang est vérité. Nous recevons donc pour la rémission de nos péchés quotidiens la même chair et le même sang que Christ a donnés pour nous sur la croix. (Chap. XV.)

§ 5. — Effets du sacrement.

A. — *Effets généraux.*

Les termes : pain et vin, indiquent ces effets. Quoique chair véritable, le corps du Christ peut cependant être nommé pain, parce que, de même que le pain de la terre donne la vie pour un temps, de même le pain du ciel donne la vie éternelle et céleste. Il en est ainsi de son sang : il peut être nommé vin, parce qu'il réjouit le cœur de l'homme et enivre l'âme d'un amour spirituel. (Chap. XVI.)

La mesure de ces effets est en rapport seulement avec la foi à la vertu du sacrement et à la divinité du corps de Christ, et non avec la quantité de ce qu'on reçoit ([1]).

Car c'est la foi qui achète le champ (le corps du Christ), avec le trésor caché (sa divinité). Il est nécessaire que

---

([1]) Non est omnino quantitas visibilis aestimanda in hoc mysterio. XVII, 1.

celui qui mange le corps du Christ, reçoive la plénitude de la divinité (¹). (Chap. XVII.)

Christ a institué ce mystère la veille de sa passion, 1° afin que la vérité succède immédiatement à ce qui en était l'ombre ; 2° afin de montrer Judas comme exemple d'une communion indigne ; 3° pour que le sacrement puisse être la commémoration de sa passion ; 4° étant encore mortel, il nous a donné la nourriture d'immortalité, pour que de mortels nous devenions immortels ; 5° s'il avait donné le sacrement après la résurrection, les hérétiques auraient dit que Christ étant déjà incorruptible et dans le ciel, sa chair ne pouvait être mangée sur la terre par les fidèles (²) ; — tandis qu'il est le grain de blé tombé en terre qui, par le fruit qu'il donne, fournit aux croyants une abondante nourriture d'immortalité. (Chap. XVIII.)

B. — *Effets de l'eucharistie sur le corps et sur l'âme.*

On mêle au sang un fragment du corps du Christ, parce que l'homme composé de chair et de sang, est sauvé tout entier. Non seulement l'âme, mais la chair est sauvée pour l'immortalité ; elle est transformée pour que la substance du Christ soit trouvée en elle.

Le sang du Christ que l'on boit, renouvelle l'âme qui est dans un sang de péché. L'âme du Christ, qui était non dans un sang de péché, mais dans le sang de la chair, a vivifié la chair humaine.

(¹) Non recte caro Christi sine divinitate sumitur, nec divinitas sine carne præstatur XVII, 1.

(²) Quod incorruptibili jam Christo, et in coelo posito non posset in terra ejus caro a fidelibus vorari.

Nous sommes nourris de cet aliment et de ce breuvage du corps et du sang du Seigneur, jusqu'à ce que nous soyons trouvés un avec lui.

Si quelqu'un meurt baptisé, sans avoir reçu ce sacrement, il ne lui arrive rien de fâcheux, parce qu'il ne s'est pas écarté de la voie qui est Christ ; mais pour ceux qui le peuvent, l'usage du sacrement est nécessaire, afin d'entretenir en eux la vie spirituelle, car si la nourriture terrestre est nécessaire pour entretenir la vie corporelle, combien plus la nourriture spirituelle l'est-elle pour l'âme ; aussi ce mystère est-il appelé quelquefois viatique, parce que celui qui le prend en chemin, parvient à la vie. (Chap. XIX.)

C. — *Pourquoi l'on doit jeûner avant la communion.*

Le Seigneur a institué ce mystère le soir après le repas, alors que les apôtres n'étaient pas à jeun, parce que la Pâque symbolique (repas de l'agneau pascal) devait précéder le vrai sacrement de Pâques. Cependant cette coutume du jeûne devint bientôt une loi générale.

On ne doit pas croire qu'il faut rester à jeun jusqu'à ce que la nourriture de la communion soit digérée, car il ne s'agit ici que d'une nourriture spirituelle, qui nourrit en nous ce qui est né de Dieu (lequel est Esprit), et non ce qui est né de la chair et du sang.

Il y a autant de différence entre la nourriture de ce mystère et la nourriture ordinaire, qu'entre la vie éternelle et cette vie mortelle. Il est donc convenable qu'une telle nourriture ait la préférence. Pour recevoir l'effusion de la grâce, il faut être sans ferment de malice ni de méchanceté. (Chap. XX.)

§ 6. — Relations spéciales de ce mystère avec l'Eglise et ses membres.

A. — Pourquoi le Seigneur a dit: Je ne boirai plus de ce fruit de la vigne, jusqu'à ce que j'en boive de nouveau avec vous dans le royaume de mon Père [1].

La coupe, ou le calice dont parle Jésus [2], désigne sa mort ou sa passion. De ce calice on puise le sang du Christ, et par le sang la vie éternelle.

Si nous voulons boire de cette coupe avec Christ, et participer à la vie avec lui, « nous devons monter dans la hauteur, à la salle à manger de la vie, car là-haut seulement on reçoit la coupe de la nouvelle alliance [3]. » Cette coupe est nommée ainsi, parce que dans l'ancienne alliance le sang était le symbole et l'ébauche de ce mystère.

Le sang est le vin de la sagesse; il rachète chaque jour nos péchés et unit notre homme intérieur au Christ, non seulement par la conduite et la vie, mais par le corps dans l'unité de nature [4]. » Les croyants étant son corps fait de sa chair et de ses os, Christ pouvait dire avec raison qu'il boirait avec eux de ce vin, car il a voulu être à la fois leur convive et leur repas (conviva et convivium). « Puisque nous sommes son corps et que lui règne en nous

[1] Matthieu XXVI, v. 29.

[2] Id. v. 27 et 42.

[3] XXI. 1.

[4] Interior homo noster Christo non modo moribus et vita, verum etiam in unitate naturæ per corpus hinc inde ut in illius forma inveniamur. XXI, 3.

comme la tête, nous sommes appelés à bon droit le royaume du Père, dans lequel Christ boit ce nouveau vin toutes les fois que les fidèles reçoivent dignement le sacrement dans l'Eglise.

B.— *Bénédictions apportées par ce sacrement dans l'Eglise.*

Les bénédictions se répandirent déjà sur les patriarches : sur Abraham, sur Jacob, quand il fut béni par Isaac ([1]). En dehors de ce sacrement, il n'y a aucune bénédiction. Esaü en est un exemple.

Ce mystère conserve l'Eglise, l'épouse du Christ, pure et sans tache, malgré nos péchés quotidiens ; il l'orne de nouveaux charmes. De ce vin (du sacrement) naissent les vierges, en particulier l'Eglise du Christ, qui est avec raison appelée vierge ([2]), parce qu'elle a appris à n'aimer que lui, à n'avoir faim et soif que de lui.

Pour participer à cette bénédiction, il faut avoir une vie chaste et pure, être le temple du Saint-Esprit. Sans le Saint-Esprit on n'a aucune grâce du Christ ; et la chair et le sang étant consacrés par lui, celui qui communie mal ne reçoit aucun don de Dieu. Si nous voulons recevoir les dons célestes, nous devons implorer le don du Père et du Fils. Tous les croyants doivent ainsi s'appliquer à mener une vie sans tache, car une des punitions les plus terribles des impurs et des méchants est l'endurcissement, et si le Seigneur ne punit pas de suite, il n'oublie pas les injures. (Chap. XXI.)

([1]) Genèse XXVII, v. 37 : « J'ai affermi Jacob avec le pain et le vin » (c'est-à-dire avec le corps de Christ et avec le vin de son sang).

([2]) XXI, 5. Zacharie IX, 17. « Vinum germinans virgines. »

C. — *Rapports spéciaux de ce mystère avec les justes et avec les repentants.*

L'action différente qu'il exerce chez les repentants et chez les justes, ressort de la fête de l'agneau pascal (¹). Celui qui par pauvreté ne pouvait donner un agneau (offrir une vie sans tache), devait offrir le chevreau qui, dans les sacrifices, est immolé par les repentants. Celui qui n'avait pu célébrer la Pâque au premier mois et manger l'agneau avec les parfaits, devait la célébrer au second mois, et dans la repentance de ses péchés recevoir le chevreau des indulgences.

Quant à celui qui n'aura pas célébré la Pâque, il sera retranché de son peuple; parce qu'il n'a pas mangé la chair du Fils de l'homme, il ne peut avoir la vie éternelle.

C'est une plus grande humilité de manger un chevreau avec les repentants, que de manger l'agneau Christ avec ceux qui sont plus parfaits et plus saints, car Christ est sacrifié surtout pour les pécheurs, ce qui ressort d'une manière frappante de la figure du bouc émissaire qu'on envoyait dans le désert chargé des péchés des enfants d'Israël. Jésus a de même pris sur lui nos péchés, non qu'il soit chevreau ou bouc, mais parce que pour nous il a pris la chair de péché.

Ce sacrement est nécessaire pour tous; celui qui ne le prend pas n'a pas la vie en lui-même, mais le sacrement est agneau pour les justes, et chevreau pour les repentants. En tous cas, il est le corps et le sang du Christ, la vraie chair immolée pour nous, pour enlever les péchés du monde.

(¹) Exode XII, 3. Nombres IX.

Ce sacrement doit être pris dans une demeure, c'est-à-dire dans l'Eglise du Dieu vivant. Chacun doit avoir les reins ceints de chasteté, être prêt pour le voyage, prendre le sacrement en hâte, c'est-à-dire avec un saint zèle, car la paresse et l'indifférence ne mangent pas dignement la chair de l'agneau.

Toutes les fois que nous recevons cette chair, ayons un vif désir d'être unis au Christ, d'être un corps et une personne avec lui, et de passer avec le Fils de ce siècle au Père. Il n'y a rien de plus digne d'affection, de plus beau, de plus agréable, que ce mystère du corps et du sang du Seigneur.

« Que le peu que j'ai dit dans cet opuscule suffise, mon très cher fils, à te montrer la dignité d'un si grand mystère. Considère ceci seulement comme certain, car je n'ai pu expliquer dignement combien ce mystère est grand. Cela n'est pas étonnant du reste, quand les anges l'admirent, tremblent devant lui et peuvent à peine le pénétrer. » (Chap. XXII.)

CHAPITRE II

Exposé critique de la théorie de Paschase
sur la Cène.

Après avoir analysé aussi fidèlement que possible le livre *De corpore et sanguine Domini*, cherchons maintenant à formuler la théorie de notre auteur, en signalant ses lacunes et ses erreurs (¹).

Paschase donne à la Cène et à ses éléments les noms de : *eucharistia* (²), en l'attribuant aux espèces reçues, *mystica*, dans le même sens, *sacramenta altaris* d'après Ambroise, *sacramentum communionis* d'après Léon le Grand, et enfin de *mysterium*. L'acte lui-même, il l'appelle *coena* dans son commentaire sur Matthieu.

L'institution de la Cène eut lieu avant la passion, pour les raisons particulières énumérées au chapitre XVIII.

(¹) Le plan de ce chapitre a été emprunté à Rückert dans l'ouvrage cité. — Nos conclusions diffèrent passablement de celles auxquelles il est arrivé.

(²) Ce terme ne se trouve pas très fréquemment chez Radbert : VI, 3; V, 1; XII, 3.

Chaque croyant doit avoir une connaissance exacte de ce sacrement du corps et du sang du Christ : aussi bien de ce qui appartient à la foi, que de ce qui appartient au savoir. (Chap. II.)

§ 1. — Ce qui est reçu dans la Cène.

Qu'y a-t-il dans la Cène? — C'est la question capitale.— Avant la consécration il y a l'offrande, et dans la coupe du vin mêlé d'eau. Après, il n'y a plus que le sang du Seigneur ; d'une façon générale il n'y a plus rien d'autre que la chair et le sang du Christ (I, 2; XI, 2). Cette chair du Christ et son sang, sont *caro et sanguis Christi secundum veritatem* (II, 2). Ce n'est pas une vertu du corps de Christ, ni un symbole, mais la chair qui est née de la vierge Marie, a souffert sur la croix, est sorti du tombeau (I, 2). Mais quoique le corps du Christ soit mangé chaque jour, il demeure intact.

Paschase fait bien la distinction entre Christ et sa chair, mais il n'en pense pas moins que ce qui est mangé, c'est Christ lui-même. En vertu de la loi de concomittance, il croit qu'avec le corps on mange l'esprit, avec l'humanité la divinité. (Ch. XVII.)

L'affaire importante, principale, le but de la Cène, c'est de manger Christ pour nous unir à lui et avoir la vie éternelle ; manger sa chair, ce n'est que le moyen.

L'idée que le corps et le sang sont reçus en entier dans chaque parcelle de la matière du sacrement, n'est pas exprimée ouvertement par Paschase, elle paraît sous-entendue au chapitre XVII.

Nous mangeons donc la chair du Christ, son corps

historique, mais *qu'est-ce qui nous prouve la présence réelle de ce corps ?*

1° D'abord Christ l'a affirmée, et il est la Vérité. Tous les miracles depuis le commencement du monde, ont eu pour but que l'on croie que Christ est la Vérité. Le chrétien doit donc le croire, quoique la vérité du fait demeure en dehors de la raison (ch. I). Cette présence affirmée dans l'institution de la Cène, l'est aussi dans Jean VI.

On pourrait objecter qu'au moment de l'institution Christ était vivant, et que son sang n'était pas encore versé.

Paschase répond (¹) : Quoique Christ et son corps fussent présents devant tous les yeux, et que son sang fût dans son corps, cependant son sang était aussi bien dans la coupe qu'en lui-même, et son corps était également dans le pain. C'est de cette façon qu'aujourd'hui encore il demeure complètement intact.

Si les disciples n'avaient pas compris les paroles du Christ comme des paroles de vie et de vérité, ils auraient certainement demandé comment ce pain et cette coupe de vin pouvaient être son corps et son sang. Or ils se sont tus, — ils ont donc reçu ce qu'ils nous ont ensuite transmis.

2° Le second argument pour la présence corporelle du Christ, c'est que le pardon des péchés n'a lieu qu'en Jésus : ce pardon est acquis par le corps et le sang de la Cène, donc ce corps et ce sang sont ceux du Christ (²).

Paschase oublie que le pardon des péchés n'a lieu

(¹) *Expos. in Matth.*, p. 1093.
(²) *In Matth.*, p. 1094. *Ad. Frudegard*, p. 1620.

qu'en la foi à la mort rédemptrice du Christ, laquelle a eu lieu une fois pour toutes.

3° Il y a des miracles qui montrent qu'il n'y a pas du pain dans la Cène. Les miracles de colère prouvent qu'on ne profane pas la Cène impunément (ch. VI), témoin ce juif qui endura d'atroces douleurs pour avoir pris dans sa bouche le corps du Seigneur. Dans les miracles de grâce, l'hostie est apparue sous la forme d'un agneau ou même d'un enfant (ch. XIV).

4° Les témoignages des docteurs Cyprien, Ambroise, Hilaire, Augustin, Jean (Damascène), Jérôme, Grégoire le Grand, Isicius et Bède. *(Prol. ad. Placidum.)*

Il n'y a donc aucun doute que le corps du Christ, né de Marie, soit dans la Cène, puisque Jésus lui-même le dit, puisque la Cène procure le pardon des péchés et que des miracles frappants et les témoignages des docteurs montrent qu'il en est ainsi.—De tous ces arguments, le seul qui ait de la valeur c'est celui qui veut que la présence corporelle ait été enseignée par le Maître, quand il a dit : « Ceci est mon corps. » Mais nous croyons qu'il n'est pas possible de prendre ces paroles à la lettre ; à moins de croire que Jésus est aussi réellement une porte, un cep.

Si le corps du Christ est dans la Cène, *quelle est la nature de cette présence*, quelle idée Paschase s'en fait-il ?

Les expressions, *nihil aliud, nonnisi, nihil præter*, semblent exclure les substances primitives, et d'après le ch. XI, l'eau disparait entièrement. Mais d'après la signification des termes : *figura, species, sacramentum, mysterium*, Paschase pense que dans la Cène, le véritable corps du Christ, né de la Vierge, est présent, est immolé et mangé sous le voile du pain, en sorte que ce qui est reçu dans la

Cène est en même temps symbole, et chose, réalité correspondante au symbole.

En effet : 1° *Figura* signifie symbole, type (¹). Le sacrifice de l'agneau pascal était *figura passionis Christi* (V ; 1. X). Le corps du Christ est présent *in figura*, dans, ou sous le symbole du pain. Le chapitre IV montre qu'il est présent à la fois *in figura et in veritate*. La figure c'est ce qui est reçu extérieurement, la vérité, ce qui est reçu intérieurement, ce qui est caché sous le visible. D'après l'exemple du Christ à la fois humain et divin, et des signes des lettres, il y a dans la Cène quelque chose qui en même temps est extérieurement figure, symbole, et intérieurement la vérité du symbole, la chose elle-même.

2° *Species* signifie également type, symbole. Paschase l'emploie dans le même sens que *figura* (V, 3) : *Sub specie panis visibili, nihil aliud quam caro porrigitur* (X, 1).

3° *Sacramentum*. Il en donne lui-même le sens au ch. III.

C'est d'une façon générale, toute manifestation sensible sous le voile de laquelle est caché et présenté quelque chose de suprasensible. Paschase distingue ainsi des *sacramenta verbi, actionis, conditionis, rerum.*

On ne peut appeler quelque chose *sacramentum* s'il n'y a rien de caché, si tout est découvert (VIII, 2), et le sacrement n'est pas opposé à *veritas*, mais la *figura* et la *veritas* y sont ensemble. Tandis que dans la *figura* la *res* est habituellement absente, elle ne peut pas l'être dans le *sacramentum*.

(¹) Une seule fois (XIV, 5) *figura = forma*, alors le passage : Corpus et sanguis Christi in figura panis et vini manet (1, 2) signifierait que le corps seul est présent, mais a la forme du pain.

Le pain est là comme *figura corporis*, mais sous cette *figura*, le vrai corps est caché. Le corps est là, il est immolé et donné, non pas *nude* et *visibiliter*, mais *in* ou *sub sacramento* (II, 2).

Enfin 4° *Mysterium*, qui est le terme grec pour sacramentum, a le même sens. *Mystice* a le sens de *in mysterio*.

Il n'y a d'abord que du pain, mais ensuite le pain n'est plus qu'une *figura*, et sous le voile de ce pain, le corps de Christ, né de la Vierge, est immolé et mangé. *Il y a donc un changement*. Comment peut-il se produire?

Les termes *effici* et *confici* supposent une transformation; ceux de *transferri*, *transfundere* et surtout de *commutari*, désignent clairement la commutation de la substance du pain.

Paschase enseigne la transformation par un acte divin de création, et emploie souvent le terme *creari*. Pour lui, la raison est incapable de saisir ce mystère, la foi seule le peut.

Cela ne l'empêche pas de vouloir donner des preuves pour rendre cette transformation compréhensible. Celui qui croit en Dieu, ne peut pas douter que Dieu ne puisse aussitôt qu'il le veut accomplir ce miracle, le plus grand de tous. — Il l'a voulu ainsi, donc cela est. Qu'on ne dise pas que c'est contre l'ordre de la nature, le vrai ordre de la nature c'est d'être conforme à la volonté de Dieu (ch. I). Les miracles de l'Ancien et du Nouveau Testament nous montrent qu'il en est ainsi.

Ensuite la parole créatrice, c'est la parole du Christ: « Ceci est mon corps », prononcée à l'institution et répétée à chaque célébration de la Cène (XV). Ce n'est donc pas le prêtre qui crée le corps du Christ, c'est Christ lui-même qui, par la vertu du Saint-Esprit, produit cette chair et ce sang. C'est également lui qui donne la Cène. Le sacrement est ainsi complètement indépendant de la personne du prêtre et de sa conduite morale (XII). C'est aussi de même par la parole de Dieu: « Croissez et multipliez », que la chair de Christ est créée. Il en est ainsi parce que Dieu l'a ordonné une fois.

Non seulement la puissance de Dieu et la parole de Christ agissent pour produire le miracle, mais encore le Saint-Esprit fait que dans la célébration du sacrement, le pain devienne le corps de Christ.

De cette façon, c'est à la fois Christ par sa parole, Christ par la vertu du Saint-Esprit, puis Dieu par sa parole créatrice, et enfin le Saint-Esprit lui-même qui sont agissants pour produire la commutation (ch. XIII, III, IV). Celle-ci est un miracle semblable au miracle de la conception de Christ : Le Saint-Esprit qui a créé l'homme-Christ dans le sein de la Vierge, fait aussi chaque jour de la substance du pain et du vin, la chair et le sang de Christ (III).

C'est donc au moyen d'un miracle de création, plutôt que par un miracle de transformation, que Paschase se représente que ce qui était d'abord pain, devienne la chair même du Christ historique. Le pain est changé quant à sa substance, non quant à sa couleur, son goût ; le corps de Christ également n'est pas changé dans son essence, mais la forme sous laquelle on le voit est celle du pain.

A proprement parler, il n'y a pas *transformatio in panem*, mais *in figuram panis* (¹). Paschase dit que cela se fait *intelligibiliter* (II, 2) et cite l'exemple de la multiplication de l'huile et des pains (VII). — Seulement ici il n'y

____

(¹) Deus transformavit corpus suum in panem et sanguinen suum in vinum. XIV, 4.

a pas multiplication merveilleuse d'une même matière, il y a une multiplication bien différente, celle du corps de Christ qui se fait au sein d'une autre substance, le pain et le vin.

La pensée que c'est un miracle, suffit à Paschase pour expliquer cet inexplicable. Du reste les arguments ou raisonnements qu'il nous présente sont eux-mêmes souvent des miracles : voici comment il prouve la toute-présence de la chair de Christ : Puisque *Deus spiritus inlocaliter ubique est* (VIII, 2), et que *totus Christus Deus*, lui aussi est *spiritus et inlocaliter ubique*. Or *Totus Christus* comprend sa chair, donc celle-ci est partout présente (¹).

Si nous voulons résumer les résultats auxquels nous a conduit cet examen, nous pouvons dire que Paschase affirme : 1° Ce que nous recevons dans la Cène est le corps du Christ, né de Marie ;

2° Ce que nous recevons dans la Cène est double : en tant que pain, c'est le symbole du corps du Christ, et en même temps c'est le corps lui-même.

3° Par la puissance créatrice de Dieu, la substance du pain est transformée dans le corps du Seigneur.

La deuxième et la troisième proposition se contredisent, car si le pain est transformé, il n'existe plus réellement, et ne peut plus être un symbole ; il n'est plus là qu'en apparence, c'est le corps du Seigneur qui l'a remplacé.

Paschase explique alors que la chair et le sang de Christ peuvent être désignés figurément comme pain et vin, à cause de leurs propriétés pour nourrir et réjouir. (Ch. XVI.)

Ceci nous montre clairement que la notion de la pré-

(¹) Rückert, *op. cit.*, p. 357.

sence corporelle et de la commutation l'emporte chez notre auteur, sur la notion du sacrement à la fois *figura* et *res figurata.*

Le pain et le vin étant ainsi changés en corps et en sang de Christ, la commutation ne devrait-elle pas se faire de façon que le corps de Christ devienne visible?

S'il s'en tenait à la notion du sacrement, Paschase répondrait que l'essence même du sacrement serait détruite, si ce qui est plus élevé et suprasensible n'était plus caché, mais comme sa vraie pensée est celle de la présence corporelle, il donne les raisons suivantes :

1° D'abord cela ne serait pas davantage la chair et le sang de Christ (X, 1) ; ensuite

2° Ce serait trop contraire à la coutume humaine, car *Christum vorari fas dentibus non est* (IV, 1). Dieu sait que la nature humaine ne peut se nourrir de chair crue (*vesci carnibus crudis*), c'est pour cela qu'il a transformé son corps en pain et son sang en vin (XIV, 4).

3° Les païens et les incrédules trouveraient cela risible ou scandaleux. (Ch. XIII.)

4° Cette possession cachée doit fortifier notre foi et exciter notre désir de l'éternité, où nous n'aurons plus besoin de victimes et où nous nous rassasierons de la contemplation de Christ.

§ 2. — Célébration de la Cène.

Ce sacrement où sont présentés le corps et le sang de Christ, comment est-il célébré?

Remarquons d'abord que les anges sont présents, et que tout est accompli par leur moyen (VIII, 3, XII, 3).

— Paschase ne se préoccupe pas de ce qu'il a déjà dit que tout est accompli par le moyen de Christ. Rien ne le gêne moins que ces dualités.

Dans la Cène il y a deux choses : le sacrifice et la communion.

D'abord le *sacrifice* : Christ est immolé chaque jour *veraciter*, mais *in mysterio*, ou *mystice pro mundi vita* (I, 2; IV, 1). Il est la victime expiatoire qui emporte les péchés du monde. Quoiqu'il ait souffert une fois sur la croix, et qu'il ait sauvé le monde en subissant une fois la mort, le sacrifice est renouvelé chaque jour. Les raisons que donne l'auteur au chapitre IX, sont insuffisantes pour violer si ouvertement les déclarations catégoriques de l'Evangile sur le sacrifice unique et définitif du Sauveur. —

Ensuite on reçoit le corps et le sang de Christ. Non seulement on mange sa chair, mais l'on boit son sang, parce que sa chair nourrit notre chair pour l'immortalité, et que son sang renouvelle notre âme qui est dans un sang pécheur. (L'âme est considérée comme étant dans le sang, d'après le point de vue de l'Ancien Testament.) (Ch. XIX.)

La Cène est célébrée avec le pain et le vin, parce que Christ se représente comme pain, comme cep, comme grain de blé tombant en terre (X).

Ces éléments qui nourrissent pour l'immortalité, il faut les recevoir *spiritaliter*. Qu'est-ce que l'auteur entend par là? D'après X, I, p. 422 C. « Celui-là communie d'une façon charnelle (*sapit carnaliter*) qui ne croit pas que le sacrement soit la chair et le sang du Christ, parce qu'il n'y a pas extérieurement de changement dans l'apparence et la couleur ». Par conséquent, d'après ce texte, celui-là « *sapit spiritaliter* », qui croit que le sacrement est la vraie chair et le vrai sang de Christ, quoiqu'il n'y ait pas de changement à l'extérieur.

Cette explication peut-elle s'appliquer à tous les passages où l'auteur semble exprimer une opinion spiritualiste, dans le sens que nous donnons à ce terme? C'est ce qu'il faut examiner.

Au ch. XIV, 6 : Il ne faut pas regarder à l'apparence extérieure, parce que Dieu a accordé à ce sacrement d'être la chair et le sang de Christ, mais il faut regarder à la vertu du sacrement et le célébrer spirituellement.

Dans ce passage, *celebrare spiritaliter* le sacrement, c'est évidemment ne pas s'arrêter à l'apparence, et y trouver la chair et le sang du Christ.

Au ch. V, Radbert semble être très spiritualiste, il cite le passage de Paul (I Corinthiens X, 3) : « Nos pères ont mangé la même nourriture spirituelle et bu le même breuvage spirituel » dans la manne et l'eau du rocher. Mais cette apparence est détruite parce qu'il dit ensuite: «Tout cela était la figure de la vérité, maintenant le mystère de vérité est réalisé par la résurrection, l'eucharistie est devenue chair de Christ.

Ainsi, cette nourriture spirituelle de l'Ancien Testament était une figure de la vérité, mais maintenant cette même nourriture est la vérité réalisée, c'est la chair de Christ ([1]).

Enfin au chapitre VI, 2 : « L'un mange la chair de Christ et boit son sang spirituellement, l'autre pas, parce que ce dernier ne s'est pas éprouvé premièrement et ne discerne pas le corps du Seigneur ; il n'attend rien que ce qu'il voit de ses yeux et sent de sa bouche. »

([1]) Voyez la fin du ch. XV.

Encore ici, il est possible d'expliquer *spiritaliter man-*
ducat par « mange la chair et le sang de Christ comme
étant sa vraie chair et son vrai sang. »

D'autres textes laissent plus de place au doute. La
manne est représentée d'après le psaume LXXVIII, 25,
comme le pain des anges. Israël a mangé le pain des
anges et nous mangeons dans la Cène ce qu'Israël a
mangé, donc le pain de la Cène est le pain des anges. Les
anges mangent donc aussi la chair de Christ, et comme
ils ne peuvent manger que *spiritaliter*, il en est de même
pour nous, et ceux d'Israël qui ont réellement mangé la
nourriture céleste des anges, l'ont mangée *spiritaliter* (¹).

Christ et sa chair sont donc la nourriture des anges,
comme ils sont la nourriture des hommes dans l'eucharistie, une nourriture spirituelle et divine, car tout est spirituel et divin dans ce que reçoit l'homme.

Quoi de moins réaliste en apparence !

Mais, ce qui est spirituel et divin, c'est le fait de recevoir Christ et sa chair, parce qu'avec le corps on mange
l'esprit, avec l'humanité la divinité (XVII).

La chair de Christ que mangent les anges serait ainsi
sa vraie chair, car notre auteur dit que le corps que Christ
a eu pendant sa vie, qui est né de la Vierge et a été crucifié, est entré dans les cieux, *penetravit coelos* (VII, 2).

Il y a sans doute des conditions exigées pour communier
dignement. Il faut faire partie du corps du Christ. Mais
on sait que pour Paschase, cette union n'est pas seulement
une union de foi et de volonté, mais une union de
substance.

Ensuite : « On ne reçoit dignement la chair de Christ

(¹) V, 1 : XXI, 4.

que de sa main et de l'autel élevé où il se tient pour tous. Aussi le prêtre dit-il, en commençant l'immolation: « ordonne que cela soit transporté par les mains de ton saint ange à l'autel élevé en présence de la majesté divine ».

Déclaration bien moins spiritualiste qu'elle ne le semble, car cet autel élevé, c'est le corps même de Christ, dans lequel et par lequel lui-même offre à Dieu les vœux des fidèles et la foi des croyants. — Quant à dire ce que tout cela signifie exactement, qui s'en chargera? —

Enfin au ch. XII, Paschase parle de la grâce du sacrement qui vient de Dieu dans laquelle est la rémission des péchés. — Or il pourrait se faire que cette grâce, qui vient de Dieu, fût tout simplement le vrai corps et le vrai sang.

Cependant les deux passages suivants semblent bien exprimer une tendance nettement spiritualiste :

Diligenter ergo intelligere et spiritalia sacramenta palato mentis et gustu fidei digne percipere (oportet) .... dum divinam intelligibiliter interior homo noster per Christi gratiam excipit, et per ea virtute fidei Christo incorporatur ; (¹) texte qui est suivi de cette déclaration plus catégorique encore : *Si recte sapimus, vel recte percipimus, divinus Spiritus qui in nobis est etiam per eamdem gratiam ampliatur* (²). Enfin au ch. VII : *Sic itaque et hoc ligno corporis quicumque spiritaliter comedunt, si mandata observaverint, nunquam in spiritu mortales erunt* (³). Les expressions employées ici par Radbert : « *nunquam mortales esse in spiritu* », et : « *si recte sapimus, divinus Spiritus qui est in*

(¹) II, 2. 387 D à 388 A.
(²) id. 388 B.
(³) VII, 2. 400 C.

nobis ampliatur » ont décidément une signification spiritualiste précise. Mais de telles paroles sont rares, en comparaison des passages nombreux où la présence corporelle, la commutation et l'union substantielle avec Christ sont affirmées et développées.

Il faut donc communier *spiritaliter* pour communier dignement.

Quant à *ceux qui reçoivent la Cène d'une manière indigne*, ils la reçoivent certainement pour leur condamnation, parce que c'est Christ lui-même qui la distribue (VIII, 3). Ils commettent un péché d'orgueil et un sacrilège contre Dieu. Dans ce cas *reçoivent-ils le corps du Seigneur?* C'est là ce qu'il faut élucider, car la réponse à cette question est regardée avec raison comme le critère de la présence corporelle. L'examen du passage le plus important (VI, 2), ne donne pas de résultat bien net : « *Omnes indifferenter sacramenta altaris percipiunt* ». Si *sacramenta altaris* signifie comme partout ailleurs, les éléments de la Cène, alors les indignes reçoivent le corps du Seigneur, c'est seulement le *spiritaliter manducare et bibere*, qui leur est refusé et non le *carnem manducare et sanguinem bibere.*

La suite semble contredire ce résultat : « Et s'il n'y a qu'une seule consécration, que reçoit le pécheur, s'il ne reçoit pas le corps et le sang de Christ? » — Mais les trois mots « d'une façon spirituelle » sont évidemment sous-entendus ici, puisqu'immédiatement avant il y a : « L'un mange la chair de Christ, et boit son sang d'une façon spirituelle, mais non un autre. » Il semble donc bien que cet autre reçoive le corps et le sang, mais pas d'une façon spirituelle.

Poursuivons notre examen : « Voilà ce que mange et

boit le pécheur; il ne reçoit pas le corps et le sang avec profit, il reçoit la condamnation. »

Il semble ici qu'il soit clairement dit : «L'infidèle reçoit bien le corps et le sang, mais pour son malheur ». Plus loin : « L'infidèle pense en effet que quoique indigne, il peut recevoir une chose qui est digne de respect et sainte, parce qu'il n'attend rien que ce qu'il voit et ne discerne que ce qu'il perçoit avec la bouche. » «.... et parce qu'il voit tous manger visiblement la même chose, il n'est pas suffisamment à même de sentir par la foi s'il s'y trouve quelque vertu supérieure. C'est pourquoi l'efficacité du sacrement est détruite pour lui, et en même temps sa condamnation est doublée à cause de sa présomption. »

Ici encore, le pécheur croit ne recevoir que ce qu'il voit et touche, il « ne discerne pas le corps du Seigneur », c'est pourquoi il est condamné.

L'indigne reçoit le sacrement (ch. VIII) : *omnes indifferenter sacramenta altaris percipiunt*. Comme ce sacrement est vérité, c'est-à-dire vrai corps et vrai sang, il reçoit bien le vrai corps et le vrai sang de Christ.

VII, 1. Il est dit : qu'il n'est pas permis à celui qui ne fait pas partie du corps du Christ de le manger; — mais il n'est pas dit que lorsque, malgré cette défense, il prend le sacrement, il ne mange pas ce corps. II, 2, p. 387 : celui qui ne sait pas que le sacrement est le corps et le sang du Seigneur *secundum veritatem accipit vero mysterium sed nescit mysterii virtutem*.

En outre, les conditions de pureté et de moralité ne sont pas les conditions qui font qu'on reçoive le corps et le sang du Seigneur, mais elles nous font participer aux bénédictions du sacrement.

Nous croyons donc, sans pouvoir l'affirmer avec une certitude complète, que la pensée de Paschase est celle-ci :

Le pécheur reçoit le sacrement à l'autel, mais au lieu de manger la chair du Christ, et de boire son sang d'une manière spirituelle, c'est-à-dire discerner le vrai corps et le vrai sang du Seigneur, il communie d'une façon charnelle, et ne voit dans la Cène que ce qui tombe sous les sens ; le sacrement est sans efficace pour lui, il reçoit la condamnation. La nourriture qui lui est offerte ne le nourrit pas pour la vie éternelle, ne le rend pas membre du corps de Christ.

Si Paschase ne s'exprime pas avec netteté sur ce point important, il y a cependant chez lui un penchant marqué dans le sens de la non participation des indignes.

L'indignité pour lui, semble consister avant tout à goûter le sacrement charnellement, et ne pas y voir autre chose que ce qui est montré aux yeux de la chair. Communier indignement, c'est commettre un sacrilège contre Dieu ; la communion indigne amène des maladies et des infirmités.

Quant au croyant, si sa foi a assez de puissance, il a la possession assurée de ces dons dans leur essence, ils existent pour lui particulièrement. L'opinion que Paschase a sur le pouvoir de la substance du sacrement, ne manque ni de grandeur, ni de poésie.

Si l'on meurt baptisé, mais sans avoir reçu la Cène, on n'en éprouve pas de détriment, cependant ce sacrement n'en est pas moins absolument nécessaire, sans cette nourriture spirituelle, il est impossible d'avoir la vie éternelle.

La Cène procure d'abord le pardon des péchés journa-

liers commis après le baptême, puis elle agit sur le corps
et sur l'âme (XIX).

Elle nous unit avec Christ. Il demeure *corporaliter* dans
les croyants, et pas seulement grâce à l'*unitas voluntatis*
des hérétiques, « *ut sint credentes unum in Christo* » (¹).

Par le sacrement *in corpus Christi quotidie transferimur*
(XII, 3).

Notre chair et notre sang sont transformés dans la
chair et le sang de Christ (XX, 2). Notre nature corporelle se modifie donc, prend sur elle la nature et la pro-
priété de l'être corporel de Christ et devient sa propre
chair et son sang (IX).

De même que Dieu et Christ sont *un*, non seulement
par l'accord de la volonté, mais par la substance, par la
nature ; — de même Christ demeure en nous, non seulement par l'harmonie de la volonté, mais aussi par nature.

— Conception magnifique sans doute, mais dangereuse
parce qu'elle tend à mettre notre union avec Christ sur la
même ligne que l'union de Christ avec Dieu. Conception
fausse aussi, parce qu'elle est contraire à l'essence de
l'œuvre du Christ. L'œuvre du Maître est une œuvre de
régénération morale, de conversion du cœur, et non une
œuvre de régénération substantielle et matérielle. La régénération et l'union avec Christ ne se font pas de l'extérieur à l'intérieur, du matériel au spirituel, mais au contraire du spirituel au matériel, de l'extérieur à l'intérieur.—

Un dernier effet de la Cène est de nourrir pour la vie
éternelle. Ce qui est dans notre être est né de Dieu et non
de la chair et du sang, participe à cette alimentation
(XX, 2). Dans plusieurs passages où il semble que les

(¹) III, 4 ; XXI, 3 ; IX. 5.

bénédictions de la Cène soient purement spirituelles, l'auteur dit seulement que par elle nous devenons *immortales in anima*. — Notre chair est également nourrie par la chair de Christ, notre sang par son sang, pour l'immortalité et l'incorruptibilité (XIX, 1. XI, 2).

Les effets de la Cène sont donc aussi pour l'esprit, mais ils sont surtout pour le corps.

La pensée fondamentale de Paschase est, à ce que nous croyons, celle de la présence corporelle de Christ dans les éléments de la Cène. On reçoit la chair et le sang de Christ, le corps qui est né de la Vierge Marie. Les éléments de la Cène sont transformés dans cette chair et ce sang (¹). Christ lui-même est immolé et mangé, son sacrifice est renouvelé chaque jour afin de procurer aux hommes le pardon de leurs péchés, l'union substantielle avec leur Sauveur et une nourriture pour la vie éternelle.

Ce n'est que par une contradiction avec son point de vue vrai que Paschase peut parler de symbole, de figure, de manducation spirituelle. Il n'a probablement pas échappé à l'influence des idées d'Augustin, quoiqu'il compte ce Père parmi les représentants de son opinion.

Quoique grand partisan de la doctrine régnante, et convaincu de sa vérité, Paschase a rattaché à sa concep-

---

(¹) Le mot *potentialiter* que Paschase emploie (IV, 1), a servi a Ebrard pour prétendre que notre auteur n'a nullement enseigné la commutation des éléments en corps et sang de Christ, mais que « le pain et le vin deviennent en puissance corps et sang de Christ, dans la mesure où ils reçoivent le pouvoir d'unir Christ aux communiants ».

Kahnis blâme Ebrard de cette interprétation qui ne se justifie pas en examinant l'ensemble de la pensée de Paschase, mais il donne également au mot un sens erroné. Ici *potentialiter* = *efficaciter*.

Rückert. *op. cit.*, p. 353.

tion certaines déclarations spiritualistes qui lui semblaient avoir une part de vérité, de là ses nombreuses inconsé-quences et dualités.

Paschase Radbert n'est pas un dialecticien, mais un moine lettré, pénétré de la grandeur et du sérieux de la destinée des croyants. La parole de l'Institution le convainc que le vrai corps et le vrai sang de Christ sont donnés dans la Cène et que par là les croyants sont unis à Christ. Ils mangent sa chair et boivent son sang, leur corps et leur âme sont renouvelés, par conséquent leur être tout entier. La foi qui ne s'arrête pas aux éléments visibles est nécessaire, ainsi qu'une préparation à l'acte auguste de la Cène. Les indignes reçoivent le corps et le sang du Seigneur, mais pour leur condamnation.

Nous ne pensons pas qu'il y ait réellement chez notre auteur deux courants d'idées opposés : un courant réaliste et un courant spiritualiste ; d'un bout à l'autre de son livre, il est mû par la préoccupation de montrer que les croyants sont unis au Sauveur par le moyen du corps et du sang vrais de Christ contenus dans la Cène.

CHAPITRE III

Avant la querelle.

§ 1. — Le dogme de la Cène dans les sept premiers siècles.

Le livre de Radbert a fait époque, avons-nous dit, par ce qu'il a soulevé la première controverse importante sur la Cène. Cette controverse avait été préparée depuis longtemps par la co-existence de deux courants d'idées. Dès les premiers siècles, les divergences de points de vue apparaissent.

L'idée d'un sacrifice offert dans la Cène, absolument étrangère à l'institution de ce sacrement par le Seigneur, s'introduisit de bonne heure. Prendre la Cène, cela s'appela sacrifier, le terme *eucharistie* fut très vite employé pour désigner le pain et le vin.

Justin Martyr et Irénée parlent de sacrifice, mais Origène combat cette idée. Cyprien déclare que le corps et le sang du Christ sont offerts à Dieu. Jésus s'est offert lui-même, et le prêtre offre un vrai sacrifice. Mais ce n'est pas une répétition du sacrifice de Jésus-Christ, c'est une imitation. C'est l'Eglise unie au Christ (union représentée par l'eau mêlée au vin) que le prêtre offre à Dieu.

Chrysostome, Augustin, acceptèrent l'idée d'un sacrifice accompli dans la Cène comme simple mémorial de celui de Jésus.

Les païens habitués à voir dans l'immolation des victimes l'acte religieux par excellence, une fois devenus chrétiens, cherchèrent l'équivalent des sacrifices dans leur nouveau culte. Ce qui chez Ambroise, Jérôme, Chrysostome, Augustin, n'était peut-être encore qu'un symbole, une métaphore édifiante, devient un vrai sacrifice, qui par le seul fait de sa célébration, obtient le pardon de ceux à l'intention desquels il est offert. Ainsi le déclarent formellement Césaire, évêque d'Arles, et le pape Grégoire le Grand. Depuis ce dernier, la sainte hostie fut habituellement donnée aux mourants comme *viaticum*.

Pour ce qui touche aux rapports du pain et du vin avec le corps et le sang du Christ, un double courant se manifeste. D'abord un *courant réaliste* représenté par Justin et Irénée. Justin affirme la présence substantielle du Christ.

Il y a bien une transformation, mais du pain dans notre corps, non pas du pain dans le corps de Jésus-Christ. Ce ne sont pas du pain et du vin ordinaires qui sont donnés aux communiants. Le Verbe de Dieu s'unit dans la sainte Cène avec le pain et le vin, qui par le fait de cette union sont nommés sa chair et son sang.

Irénée dit à son tour que nourrie par la chair et le sang du Seigneur, notre chair devient apte à la vie éternelle.

La *tendance symbolique* a pour représentant le grand Origène. Pour lui le pain et le vin que la parole divine déclare être le corps et le sang de Christ, c'est la Parole qui nourrit et abreuve les âmes. En soi, la jouissance des symboles n'apporte aucun bien ; la justice y est une cause de bienfait, la méchanceté une cause de perte. Tertullien est aussi un représentant de cette tendance, quand il déclare : *Hoc est corpus meum, id est figura corporis mei.*

Quant à Augustin, le luthérien Kahnis le déclare un prédecesseur de Calvin. Pour lui, les espèces de la Cène ne sont que d'une manière figurée le corps et le sang de Christ. Christ n'est présent sur la terre que selon sa divinité, non selon son corps, qui est dans le ciel. Dans la Cène le corps du Christ ne peut donc être présent corporellement. Enfin la Cène est une communion spirituelle avec Christ et avec tous les croyants. Son efficace n'existe que pour ceux-ci.

Au IVe siècle, le dogme de la présence corporelle du Christ déjà enseigné par J. Martyr, fit de nouveaux progrès. Comme les éléments employés étaient prélevés sur le pain et le vin offerts par les communiants, il en résulta d'abord de l'étonnement chez quelques-uns, à l'ouïe des paroles sacramentelles. Un jour que le pape Grégoire le Grand distribuait la communion, il vit une femme sourire parce que le pain qu'il lui donnait pour le corps du Seigneur, était celui qu'elle avait pétri le matin même. Pour la convaincre, le pape lui montra ce pain converti en chair. Ce fut peut-être pour écarter de pareils doutes qu'on donna dans la suite au pain de la Cène une forme particulière et qu'on s'abstint de le faire offrir par les fidèles.

La plupart d'entre eux, du reste, étaient plus portés à l'adoration qu'à l'étonnement, quand on leur disait que Christ s'incorporait à ces éléments, à la voix du prêtre.

Pendant cette période la doctrine de la Cène n'est pas l'objet d'une formation dogmatique. Cela explique que des points de vue si divers aient existé simultanément sans provoquer de controverse.

§ 2. — Le dogme de la Cène au moyen âge.

Grâce à la notion du sacrifice expiatoire qui s'était introduite, la sainte Cène avait son efficace par le fait même de l'accomplissement des rites consacrés, et quoique absents, les fidèles pouvaient participer à cette efficace. De là l'introduction des messes basses dont on trouve des traces depuis le VIIIe siècle. Elles devinrent de plus en plus fréquentes depuis le IXe et le Xe siècle.

Quant aux rapports du pain et du vin avec le corps et le sang du Seigneur, il régnait sur ce point une assez grande variété d'opinions. Les théologiens y voyaient avec Origène, Basile, Grégoire de Nazianze et Augustin une union plutôt spirituelle, mystique, en vertu de laquelle le croyant en participant à l'eucharistie, entrait en communion avec son Sauveur.

Le pape Gélase Ier, à la fin du Ve siècle, avait formellement enseigné que le pain et le vin dans la Cène ne changeaient pas de nature, et n'étaient que l'image du corps et du sang de Christ. Les chrétiens les plus réalistes, au contraire, admettaient, comme Isidore de Séville et Jean Damascène, une présence réelle et matérielle du corps et du sang de Christ dans les éléments.

La doctrine d'une commutation du pain et du vin avait été affirmée en Orient par le concile de Nicée en 787 ; en Occident, elle avait pénétré dans les esprits de la multitude.

Ceux qui n'admettaient pas sans réserves la doctrine régnante, les partisans d'une opinion spiritualiste se contentaient d'exprimer leurs idées timidement et en secret, jusqu'à ce Ratramne vint s'opposer énergiquement aux dogmes de la commutation et de la présence réelle du corps historique de Christ.

Dans la seconde moitié du VIIIe siècle, Ambrosius Autpertus déclare que le pain et le vin sont des symboles, que le corps réel de Christ n'est goûté que d'une façon invisible, spirituelle.

Amalarius de Metz († vers 840): Le sacrement est une représentation symbolique (*imitatio, figura*), le pain et le vin sont semblables au corps et au sang de Christ.

Theodulf d'Orléans († 821): Ce qui est offert est pain et vin, les effets de la communion sont purement spirituels.

Druthmar, moine de Corbie à l'époque de Paschase Radbert, voit dans la Cène une institution qui a pour but de rappeler perpétuellement aux croyants la mémoire de l'amour infini du Christ, avec des symboles appropriés dont l'un représente le corps rompu, l'autre le sang répandu. Aucune trace de sacrifice ou de commutation.

Enfin en 840, Strabo, élève de Raban Maur déclare que le vrai corps de Christ n'est pas donné dans la Cène, que la nature du pain n'est pas changée, et que Christ n'est pas sacrifié.

Tous ces hommes ayant été élèves d'Alcuin ou disciples de ses élèves, on peut se demander s'ils n'ont pas hérité de lui leurs opinions. Il est vrai que dans les écrits que nous avons de lui, Alcuin n'enseigne pas une conception symbolique, mais Charlemagne, son élève, le fait. Ce serait bien extraordinaire que de son propre chef l'empereur pensât autrement qu'on ne le faisait généralement de son temps et qu'il pensât à la façon de Tertullien dont il n'avait jamais lu les écrits, et dont les opinions ne sont pas si lucides.

Il est probable qu'à côté des idées qu'il exprimait en s'adressant aux ecclésiastiques, Alcuin en avait d'autres. Réaliste dans les rapports officiels avec le clergé, il était symboliste dans son enseignement oral. C'est à lui que remonteraient les idées spiritualistes de bien des théologiens des VIIIe et IXe siècles, idées que lui-même tenait d'Augustin et de Tertullien. C'est là une vraisemblance, mais pas une certitude (¹).

En résumé, entre 770 et 840, six écrivains tous bénédictins, traitent de la Cène et sont partisans d'une conception symbolique. Ce courant ainsi établi en opposition avec les idées répandues et sanctionnées par la liturgie de la Messe, devait amener une querelle dès qu'il se trouverait un homme attaché à l'opinion régnante, qui défendrait la conception réaliste. Les opposants n'avaient osé produire leurs pensées au grand jour, ouvertement, mais il était à prévoir que si quelqu'un défendait avec talent la doctrine populaire, la lutte éclaterait. C'est ce qui arriva. Dans le couvent de Corbie, Paschase se rencontre avec Druthmar et Ratramne, et cherche à formuler scientifiquement la doctrine réaliste vers laquelle penchait la multitude. « Or lorsqu'une idée quelconque a pénétré profondément dans l'esprit des masses, il se trouve toujours quelque théologien pour la formuler en dogme, et un sacerdoce pour exploiter ce dogme à son profit. C'est ce qui arriva au moyen âge pour celui de la présence corporelle de Christ (²). »

(¹) Rückert, _op. cit._, p. 31-51.
(²) Chastel, _op. cit._, t. III, p. 254-255.

CHAPITRE IV

La querelle.

. . . . .

§ 1. — Les adversaires de Paschase.

Parmi les hommes instruits s'était donc conservée une conception spiritualiste de la Cène plus nette que celles qui s'étaient présentées auparavant dans l'Église. Lorsque parut le traité de Radbert, les symbolistes devaient se défendre s'ils ne voulaient pas être vaincus sans combat. Un des représentants les plus distingués de cette opinion symbolique se trouvait dans le couvent de Corbie, sous les ordres de Radbert lui-même. Le livre de celui-ci devait donc fatalement soulever la contradiction. La querelle fut vive et considérable, elle eut pour résultat de faire déclarer hérétique celui qui sur ce point enseignerait autre chose que la présence corporelle.

Au X⁰ siècle, Gerbert ne connaît que deux écrivains, Raban Maur (776-856) et Ratramne qui aient contredit Paschase.

Dans son « *Liber pœnitentialis ad Heribaldum* » qu'il a dû composer peu avant sa mort, Raban dit que *quidam non rite sentientes* croient que dans le sacrement du corps et du sang du Seigneur, il y a le même corps qui est né de la vierge Marie, dans lequel le Seigneur a souffert sur la croix, et qui est sorti du tombeau. Il désigne évidemment Paschase dans ces paroles. Dans un autre ouvrage « *De institutione clericorum* », il entre tout à fait dans les idées d'Augustin et explique comme lui le verset 53 du VIe chapitre de Jean. Il distingue aussi la nourriture qui alimente le corps, et la *virtus sacramenti* qui nous conduit à participer à l'esprit de Christ. Il indique la Parole de Dieu comme la vraie nourriture de notre esprit.

Nous n'avons pas une connaissance bien certaine de la doctrine de Raban, mais il semble évident qu'il a nié la présence corporelle et exprimé des idées fortement empreintes de symbolisme.

L'adversaire le plus considérable de Paschase est celui que nous avons déjà nommé, Ratramne. Ce moine avait une science très étendue, et ne se bornait pas, comme Bède, Alcuin, Florus, Hinkmar et d'autres, à se servir des idées des autres, il avait une pensée personnelle. Il écrit avec mouvement et clarté. Tout ce qu'il regardait comme une erreur il le combattait, c'est pour cela qu'il s'opposa à l'idée d'un accouchement merveilleux de Marie et qu'il défendit la doctrine de Gottschalk. Il devait donc être disposé à combattre Paschase, lorsque le roi lui demanda d'exposer son opinion sur le sujet de la Cène, comme il lui avait déjà demandé ce qu'il pensait de la prédestination. Il écrivit alors le « *De corpore in sanguine Domini* », ouvrage qui fut attribué ensuite à Jean Scot Erigène, et qu'à l'époque de la Réformation les catholiques voulurent pendant un temps rejeter comme étant d'Oecolampade.

Ratramne est le premier à déclarer catégoriquement

que le vrai corps historique de Christ n'est pas reçu dans la Cène. Pour prouver cela, il cherche sans succès à s'appuyer sur Ambroise et Jérôme et donne ensuite les raisons suivantes :

1° Le corps historique de Christ est impérissable et éternel, après la résurrection. Ce qui est donné dans la Cène est, par sa constitution physique, divisible et périssable; ce ne peut donc être ce corps-là.

2° Le vrai corps historique de Christ est demeuré visible et tangible après la résurrection, et il n'est caché par aucun voile. Or telles ne sont pas les propriétés de ce qui dans la Cène est offert comme corps de Christ.

3° Le vrai corps de Christ est vrai Dieu et vrai homme, on ne peut prétendre cela du corps de l'Eucharistie.

4° D'après le contenu du livre de messe lui-même, ce qui est accompli dans la Cène, est une image (species) et non la chose elle-même.

En quoi Paschase se trompe d'après Rückert, car la liturgie enseigne que ce qui d'abord n'est qu'image devient *manifesta participatio* et *rei veritas*.

Quoique le corps du Seigneur né de Marie ne soit pas dans la Cène, il n'est pas permis, il est *nefas* de penser que le corps et le sang de Christ ne soient pas présents. Le pain est devenu le corps de Christ, et le vin son sang : *panis per sacerdotis ministerium Christi corpus efficitur.* Si peu de temps avant sa mort *panis substantiam et vini creaturam convertere potuit in proprium corpus quod passurum erat et in suum sanguinem qui post fundendus exstabat*, il pouvait aussi transformer la manne et l'eau du rocher dans sa chair et son sang, et cela par son *omnipotente virtute. Panis in Christi corpus transponitur* non d'une façon visible, mais *operante invisibiliter Spiritu sancto.*

Ces déclarations étonnent, car d'un autre côté il affirme qu'il n'y a aucune transformation : ni de ce qui n'est point en ce qui est, ou de ce qui est en ce qui n'est point, ou enfin de ce qui est en ce qui est. Il dit que l'on reçoit la *substantia vini* ; que corporellement il n'y a rien de changé, que c'est de la plus grande absurdité de prendre du pain pour de la chair et de nommer du vin sang. —

Cette contradiction apparente s'explique : par corps du Christ, il entend autre chose que ce que l'on comprend généralement par là. Il y a bien un changement, mais *in sacramentum corporis Christi* ; il y a lieu *spiritaliter.*

Le corps de Christ n'est pas reçu *in veritate*, mais *in mysterio*, car *secundum veritatem* la substance est demeurée ce qu'elle était. Comme *figurae* les éléments s'appellent corps et sang de Christ, mais ne le sont pas, ce sont des symboles. La Cène est une *figura praeteritorum*, mais elle est aussi un *mysterium*, et dans tout mystère il y a deux éléments : un élément manifeste, perceptible par les sens et un élément caché, soustrait à la perception des sens.

Une chose est en elle-même *veritas* ; par rapport à une autre chose plus élevée elle est *figura*, et une chose qui est en même temps *veritas* et *figura*, est *mysterium.*

Dans le sacrement comme dans le mystère, il y a un élément visible et un élément invisible.

L'exemple du baptême montre quels sont ces deux éléments. Dans le baptême il y a l'élément de l'eau, soumis à la corruption qui ne peut que purifier le corps, et il y a aussi une puissance de vie, de sanctification, d'immortalité, la puissance du Saint-Esprit qui y est entrée par la consécration sacerdotale. L'invisible dans le baptême est donc une action divine qui s'est liée à l'eau. Il y a donc à chercher dans le baptéme un élément essentiel, mais qui n'est pas corporel. Ratramne lui aussi considère la manne et l'eau du rocher comme des sacrements typiques, dans lesquels il a été donné justement ce que la Cène présente après que cela a été accompli. Bien avant qu'il fût venu en chair et eût versé son sang, Christ a produit invisiblement, par sa toute-puissance, ces deux éléments et en a nourri et désaltéré le peuple.

Dans la Cène il y a une puissance que Christ a mise dans la substance terrestre, et l'introduction de cette puissance dans la substance est l'acte de pouvoir que Ratramne affirme en ayant l'apparence d'acquiescer à la doctrine régnante.

Comme les anges, les Pères et les croyants ont été rassasiés d'une *spiritualis verbi virtute*. Ce que les croyants reçoivent, l'invisible qui s'ajoute au pain et au vin de la Cène n'est autre que la puissance de la Parole de Dieu. Celle-ci ne crée rien de nouveau, mais elle est liée à la Cène d'une façon incompréhensible, et en fait toute la bénédiction. L'*invisibilis substantia* est la puissance de la Parole de Dieu. *Secundum invisibilem substantiam, id est divini potentiam Verbi corpus et sanguis vere Christi existunt.*

Il y a donc un corps de Christ dans la Cène, mais *interius*, non *exterius ; in mysterio*, non *in veritate ; in sacramento*, non *in specie*. Il est présent *spiritaliter*, non *corporaliter ;* il n'est ni visible, ni tangible comme le corps historique l'est, même après sa glorification.

Ratramne donne donc le nom de corps de Christ, à quelque chose de tout autre, à la Parole de Dieu, et invente une union incompréhensible de ce corps qui n'en est pas un, avec le pain. Dans bien des endroits; il emprunte le langage de ses adversaires et leur fait exprimer des choses tout à fait contraires à leur conception. Il fait dire aussi aux anciens docteurs des choses auxquelles il n'ont jamais pensé. Cette idée d'absorber le corps de Christ dans la Parole de Dieu est celle d'Origène. On ne sait si c'est de ce grand docteur que Ratramne a reçu sa théorie.

On ne doit pas appeler manque de franchise le fait qu'il s'exprime dans les formes reçues de son temps en les détournant de leur sens vrai. Paschase imite en cela Augustin, cet homme qui passait pour profondément orthodoxe, et dont il partageait les idées sur la grâce. On comprend qu'il se soit servi des formes de langage employées dans la messe, celles qu'il avait entendues dès sa jeunesse. Enfin Christ avait bien dit : « Ceci est mon corps, » mais ce qui est dans ce corps, il l'avait déjà enseigné auparavant.

En résumé, Ratramne a le grand mérite d'avoir nettement déclaré que le corps historique de Christ n'est pas dans la Cène, et d'avoir donné des raisons à l'appui de cette affirmation. Au fond il considère ce corps comme étant au ciel ; à sa place il met la parole de Dieu. Cette idée il la laisse deviner, plutôt qu'il ne l'exprime ouvertement et par ses expressions, il s'en tient à l'usage reçu. Il y avait pour la foi quelque chose de bien suffisamment incompréhensible dans cette liaison du corps du Seigneur, de la Parole avec la matière primitive.

Son livre est une réfutation solide et énergique des doctrines réalistes de Paschase.

§ 2. — Défense de Paschase.

Paschase défendit lui-même son opinion, réfuta les

objections dans la lettre à Frudegard, où il fait certainement allusion au livre de Ratramne, et dans le commentaire sur Matthieu. C'est la première vraie querelle sur
le sujet de la Cène ; elle ne manqua ni de vivacité ni d'ai-
greur. Les adversaires s'appellent « *quidam* » et ne s'ac-
cordent qu'une très faible mesure de savoir. Il ne leur
vient pas à l'esprit que l'on cherche loyalement la vérité.
Pour Paschase, celui qui doute sur ce point se déclare
lui-même incrédule. Il ne *veut* pas croire, c'est pour cela
qu'il combat la foi, et par là il combat contre Dieu et son
Eglise.

Paschase reproche à ses adversaires de nier que dans
la Cène il y ait la vraie chair et le vrai sang de Christ,
et de prétendre qu'il n'y a là que *virtus*, *figura* ou *umbra
corporis*. Il avait bien compris que sa thèse fondamentale
de la présence corporelle était combattue par ses adversaires, et qu'ainsi sa théorie sur l'union substantielle
avec Christ était ruinée, mais on peut douter qu'il ait
saisi le fond de la pensée de Ratramne. « Ils sont aveuglés, dit-il, et ne goûtent dans le pain et dans la coupe
que ce qu'ils voient des yeux et ce qu'ils reçoivent dans
la bouche. »

Il ne suffisait pas de traiter les adversaires d'incrédules
volontaires, d'ignorants, de gens aveuglés, il fallait donner des raisons valables pour réfuter leurs objections.
C'est ce que tenta Paschase. Il fait remarquer que Jésus
n'a pas dit : *hoc est vel in hoc mysterio est virtus vel figura
corporis mei*, mais *hoc est corpus meum*.

Ensuite, si Christ a dit : *mon corps*, il n'a pu donner
alors que le seul corps qu'il avait, celui qui était né de
Marie, et aucun autre. S'il n'avait été question que d'une

figura, il n'y eût pas eu besoin d'une nouvelle institution, car la figure était déjà donnée dans l'agneau pascal.

On pourrait répondre ici qu'il n'y a pas eu d'institution absolument nouvelle, il n'y a eu que transformation d'un usage existant : au lieu de célébrer la délivrance des Hébreux à leur sortie d'Egypte, Jésus demande à ses disciples de célébrer avec du pain et du vin la délivrance du péché que leur procure sa mort, son corps rompu et son sang répandu.

Enfin dernier argument : si dans la Cène il y avait un autre corps et un autre sang que le corps et le sang historiques, elle ne pourrait produire le pardon des péchés et l'alimentation pour la vie éternelle, car ces bienfaits ne sont donnés que par le corps et le sang de Christ.

On retrouve ici le raisonnement fondamental de notre auteur : Christ est la vérité, or il a dit : Ceci est mon corps, donc son corps est dans la Cène. Comme le corps historique de Jésus procure le pardon des péchés et nourrit pour la vie éternelle, c'est ce corps historique qui est dans la Cène.

Pour saper la base de ce raisonnement, il n'y a qu'à montrer que le pardon des péchés et la nourriture pour la vie éternelle ne dépendent absolument pas du corps historique de Jésus, ce qui n'est point difficile, puisque, d'après l'Evangile, il suffit de croire au Seigneur Jésus pour avoir part à la Rédemption, et pour avoir la vie éternelle.

Si ensuite notre union avec le Maître n'est pas une union corporelle de matière ou de substance, il n'y a plus d'autre raison de voir le véritable corps de Christ dans le pain de la Cène, que la raison que l'on tire de la parole même de l'institution : « Ceci est mon corps ». Pour nous, cette raison n'est pas valable.

Si les mots « Ceci est mon corps » n'étaient pas suivis de « faites ceci en mémoire de moi », on aurait mieux compris les débats passionnés, violents que cette parole a soulevés, tandis qu'avec ce membre de phrase, la pensée du Seigneur apparaît claire et évidente : Faites ceci en mémoire de moi, c'est-à-dire mangez de ce pain et buvez de ce vin en mémoire de ma mort, car ce pain est le symbole de mon corps rompu pour vous, et le vin le symbole de mon sang qui est versé pour vous. »

Au IX⁰ siècle on avait besoin d'intermédiaires qui procurassent les grâces apportées par Jésus à l'humanité. L'esprit et le cœur ne s'élevaient pas à cette haute conception d'après laquelle le croyant reçoit tout immédiatement du Sauveur.

Frudegard avait conçu des doutes sur l'enseignement de Paschase, après avoir lu dans saint Augustin (1) que les paroles de Jésus-Christ « Ceci est mon corps.... », sont une expression figurée, et plutôt une figure qu'une vérité. D'autant plus que le même Père semble dire que ce serait une chose horrible de croire que l'on mange le même corps qui est né de la Vierge, et que l'on boive le même sang qui a été répandu sur la croix.

Paschase répond que le corps et le sang sont présents à la fois en vérité (2) et en figure, que la chair de Christ se multiplie, comme cinq ou six pains ont été multipliés par la puissance de Dieu.

(1) Doctrine chrétienne. 3ᵉ livre.

(2) Le texte suivant montre combien le point de vue de Paschase est réaliste, et quelle idée il se fait du corps du Christ dans le ciel : « que les négateurs *ascendant ubi Christus est in dextera Dei Patris, et inveniant visibilem et palpabilem ipsam eumdemque Christum quem requirunt* ». Ed. Sirmond, p. 1632.

Après les arguments exégétiques ou dogmatiques, Paschase emploie les *arguments d'autorité*, il exige une foi
absolue, sans même que l'on comprenne ce que l'on doit
croire, il en appelle aux témoignages des anciens docteurs,
au saint synode d'Ephèse, *cui contradicere nulli fas est plus
quam evangelio quidquid in ea sancitum est* ([1]). Les attaques
des adversaires, dit-il, sont chose nouvelle. « Il est vrai que
quelques Pères de l'Eglise se sont trompés sur cet objet,
par ignorance, mais il n'est pas encore arrivé que quelqu'un ait contredit si ouvertement la foi générale de la
chrétienté. Personne n'a encore enseigné de fausse doctrine là-dessus, pas même ceux qui étaient dans l'erreur
au sujet de Christ lui-même. »

Si quelqu'un entreprend d'abolir la présence de Christ,
il détruit tout le mystère de l'incarnation. Celui qui étant
dans une erreur si grave voudrait prendre la Cène, ne
pourrait le faire que pour sa condamnation.

Paschase demande à Frudegard de lire et relire son
traité.

« Il n'a rien dit d'extraordinaire dans son livre, parce
qu'il l'a destiné pour l'instruction des enfants, mais il ap-
prend néanmoins qu'il a excité plusieurs personnes à
s'appliquer à connaître ce mystère. »

Telle a été la célèbre dispute du IXe siècle.

Les historiens catholiques affirment qu'elle n'était
point sur la présence réelle, mais simplement sur la manière de s'exprimer. Il s'agissait non de savoir si le corps
même de Jésus-Christ est réellement et véritablement

([1]) On y avait décidé que l'oblation non sanglante n'était pas une
image, mais le corps et le sang eux-mêmes ; que le terme *antitupa*
ne pouvait désigner les éléments qu'avant la consécration.
Gieseler. *Dogmengeschichte*, p. 533.

dans l'eucharistie, mais si l'on devait dire qu'il y est de la même manière qu'il était né, crucifié, ressuscité (¹).

C'était en effet la question débattue ; mais tout dépend de ce qu'on entend par *présence réelle*. Ratramne affirme que le corps de Christ est présent, c'est-à-dire que la parole de Dieu agit dans le sacrement ; il dit aussi qu'il n'y a aucun changement dans le pain et le vin, mais adjonction d'une vertu, d'une puissance qui n'y étaient pas auparavant. La dispute n'est donc plus seulement une question de mots, il ne s'agit plus seulement de la manière de s'exprimer, mais du fond même du sujet, à savoir si la *présence réelle* est corporelle ou spirituelle. Pour le parti de Ratramne elle est spirituelle, pour Paschase et ses amis elle est corporelle, quels que soient les *mystice*, les *spiritaliter* qu'ils mêlent à leur prose.

Cette première controverse sera suivie d'un grand nombre d'autres, jusqu'à ce que Paschase soit devenu le père de la doctrine catholique officielle, et Ratramne le père des doctrines protestantes spiritualistes.

(¹) Du Pin, *Bibl. des aut. eccles.*, t. VII, p. 66.

CHAPITRE V

Après la querelle.
La succession de Paschase et de Ratramne.

— —

§ 1. — La succession de Paschase.

Paschase Radbert mérite le titre de père de la doctrine catholique sur l'eucharistie. De l'aveu même des catholiques, il est le premier à avoir dit si formellement que le corps de Jésus-Christ dans l'eucharistie est le même que celui qui est né de la Vierge [1]. Il a en outre nettement et catégoriquement affirmé la commutation du pain et du vin en corps et sang de Christ, la répétition du sacrifice du Sauveur.

La théorie de Paschase était destinée à triompher, parce qu'elle répondait aux sentiments des fidèles. Quoiqu'elle eût rencontré au début une opposition assez vive, elle ne tarda pas à s'établir fixement. A peine deux siècles se sont-ils écoulés, que Bérenger qui reproduit

[1] Du Pin. *op. cit.*, t. VII, p. 65.

les idées de Ratramne, est condamné et obligé de se rétracter, malgré la protection d'Hildebrand.

Après le IXe siècle on allait retomber dans l'ignorance et entrer dans le siècle de plomb, la théorie réaliste de Radbert devait trouver toujours plus d'adhérents. Elle flattait les intérêts grossiers, superstitieux et charnels du peuple, son amour du merveilleux et de tout ce qui parle au sens et à l'imagination. D'autre part, elle rehaussait le prestige du clergé, car à la seule parole du prêtre, un mystère plus étonnant encore que celui de l'incarnation, s'accomplissait sur l'autel : le corps même et le sang de Christ venaient dans l'hostie, sans que celle-ci changeât d'apparence extérieure. L'autorité sacerdotale ne pouvait que gagner à la propagation d'une telle doctrine, aussi Hincmar, archevêque de Reims, et son successeur Gerbert (plus tard Silvestre II) la soutinrent-ils en lui donnant l'appui de leur crédit.

Paschase n'avait formulé ce dogme qu'imparfaitement, sa thèse était pleine d'inconséquences et manquait de logique, il était réservé à ses successeurs de tirer les conclusions des principes qu'il avait posés.

Parmi les chauds défenseurs de la doctrine de Paschase Radbert, Florus Magister de Lyon (milieu du IXe siècle), célèbre par son savoir étendu, expose dans son livre « *De actione missarum* » une théorie semblable à celle de l'abbé de Corbie. Il enseigne comme lui une possession réelle du corps historique du Christ. Il ne s'affranchit pas de la conception dualiste et va jusqu'à déclarer que le corps du Christ est une nourriture de l'esprit, non du corps. Il eut une querelle relative à la Cène avec Amalarius de Metz, mais elle ne roula que sur des points secondaires, car il ne dit pas qu'Amalarius nie la présence du corps du Christ ou la commutation. Des questions personnelles paraissent avoir contribué à soulever la dispute et à lui donner un caractère de violence. Il est important de noter qu'il **traita** son adversaire d'hérétique. C'est la première fois qu'un désaccord avec l'opinion réaliste est déclaré être une hérésie. Il n'est pas certain qu'il ait connu l'ouvrage de Paschase lorsqu'il écrivit.

Un des partisans les plus considérables des idées de Paschase fut le grand archevêque de Reims, Hincmar († 882). Dans son ouvrage « *De cavendis vitiis et virtutibus exercendis,* » il traite le sujet de la Cène, et cite Paschase en le mettant sur le même pied que les anciens docteurs. C'est un fait qui nous montre que celui-ci ne se mettait pas en contradiction avec l'opinion généralement répandue de son temps, puisque l'on croyait qu'il enseignait comme les anciens. C'est Hincmar qui emploie pour la première fois l'expression : « Christ se fait lui-même. » *Ipse sanctificat sacramentum suum et facit se ipsum.*

Haimo d'Halberstadt († 853) fait faire un grand pas à la doctrine réaliste; il déclare que la substance du pain et du vin est transformée dans la substance de la chair et du sang; il affirme qu'il n'y a plus présence de la substance primitive; le dualisme est vaincu. Il dit aussi nettement que dans chaque parcelle on reçoit le corps entier du Seigneur.

Remi d'Auxerre, successeur d'Hinkmar à Reims (de 882 à 889) admet que le corps du Christ né de Marie, celui qu'il a donné aux apôtres est présent dans la Cène, et cela partout et dans tous les temps. C'est encore un progrès dans la fixation de ce qui sera bientôt le dogme ecclésiastique. C'est parce qu'il ne peut mourir de nouveau que Christ donne le *sacramentum corporis,* son corps sous l'enveloppe du pain. Ce qui est présenté aux fidèles *paraît* être du pain, mais *est* le corps de Christ (¹).

C'est ainsi que peu à peu l'activité de la pensée fait progresser le dogme exposé par Radbert. Au XIe siècle, Lanfranc déclarera que la transformation se fait de telle sorte que du pain et du vin il ne reste que la forme extérieure et quelques autres qualités comme le goût, puis Hildebert de Tours emploiera pour la première fois le fameux et peu gracieux mot de transsubstantiation, qui fut sanctionné au concile œcuménique de Latran (1215), sous Innocent III. Encore quelque temps, et Thomas d'Aquin donnera de la transsubstantiation l'explication qui devint officielle : la substance du pain et du vin disparaît entièrement pour faire place à la substance du corps et du sang de Christ, en ne laissant derrière elle que de purs accidents sans sujet, des qualités et des apparences extérieures sans substance qui les supporte.

Les points secondaires furent fixés, le corps du Christ fut déclaré par Pierre Lombard être tout entier dans chaque miette. Les conséquences pratiques de la transsubstantiation furent tirées, l'hostie fut adorée et la coupe retranchée aux fidèles. Tous ces éléments furent rassemblés et coordonnés par le concile de Trente, la genèse du dogme était terminée. Paschase avait nettement formulé une idée depuis longtemps répandue, maintenant cette idée était la vérité qu'il fallait croire sous peine d'être accusé d'hérésie, et de manquer à ses devoirs de catholique.

(¹) Nous ne parlons pas ici de la *Confessio fidei Alcuini*, ouvrage inauthentique qui se borne à répéter les arguments du Livre du corps et du sang du Seigneur.

§ 2. — La succession de Ratramne.

Si nous appelons Paschase le père de la conception
catholique de la Cène, nous pouvons aussi, d'une manière
générale, appeler Ratramne le père des conceptions protestantes, parce qu'il a comme celles-ci, nettement répu-
dié les idées de répétition du sacrifice de Jésus-Christ, et
de transsubstantiation des éléments de la Cène.

La doctrine de Ratramne ne l'a pas emporté au IXᵉ
siècle, mais elle n'a pas été abandonnée. Les témoins de
la conception spiritualiste de la Cène, nombreux avant
Paschase et Ratramne, n'ont pas fait défaut jusqu'au
XVIᵉ siècle. Les attaques des réformateurs contre le
dogme ecclésiastique romain ont été préparées ; plusieurs
hommes avant eux ont voulu revenir à une doctrine vraiment scripturaire. Bérenger d'abord au XIᵉ siècle, célèbre
par sa dispute avec Lanfranc ; il distingue nettement le
sacramentum visible et la *res sacrementi* invisible, qui est
le corps et le sang du Seigneur. Pour lui, les incrédules
ne reçoivent que le pain et le vin.

Au XIIᵉ siècle, Bernard de Clairvaux, après avoir combattu l'immaculée conception, protesta encore contre la
théorie de la manducation corporelle, disant que Jésus
nous est offert dans la Cène *spiritualiter* et non *carnaliter·*
Après lui, la mystique mettra l'union intime, mystique du
croyant avec Christ, bien au-dessus de la communion
sacrementale de l'hostie, et rendra celle-ci en réalité inutile. Au fond, la mystique supprime l'*opus operatum*. Enfin
Wiclif précédera les réformateurs dans la négation énergique de la transsubstantiation, en affirmant que les accidents d'une substance ne peuvent être séparés de celle-ci.

Le pain et le vin sont de purs signes, cependant ce sont des *signa efficacia* auxquels est liée l'union intime avec Christ.

Au XVIe siècle, les réformateurs couronneront la série des docteurs spiritualistes et l'opinion symbolique s'affirmera nettement et conquerra le droit de vivre, une place dans l'Eglise chrétienne. Il n'y aura pas une doctrine unique à opposer à la doctrine catholique dont Paschase est l'ancêtre, mais plusieurs doctrines protestantes; et si nous avons considéré Ratramne comme leur père d'une manière générale, nous pouvons dire que dans un sens plus spécial, il est le père des idées calvinistes.

Il est vrai que par certaines déclarations sur la transformation invisible de la substance du pain et du vin en corps et en sang de Christ il rappelle Luther, mais nous avons vu que ces phrases n'expriment pas sa vraie pensée. C'est de Calvin qu'il se rapproche le plus.

Voici la pensée du grand réformateur français : La Cène ne *représente* pas seulement Jésus-Christ, elle le *présente*. Dans le sacrement il y a un *signe visible :* le pain et le vin ; et la *vérité* et substance : le Seigneur Jésus. Jésus nous donne la propre substance de son corps et de son sang, afin que nous la possédions pleinement. Le pain et le vin sont signes visibles, lesquels nous représentent le corps et le sang. Les signes des sacrements doivent, en effet, avoir quelque similitude avec la chose spirituelle qui y est signifiée. Quoiqu'elle soit incompréhensible, la communication que nous avons au corps de Jésus-Christ nous est visiblement montrée. Il y a dans la Cène quelque chose d'analogue à ce qui se passa lors du baptême de Jésus : la colombe était un signe du Saint-Esprit. La Cène est un miroir où nous pouvons contempler Jésus-

Christ crucifié pour nous délivrer de la damnation, et ressuscité pour nous acquérir justice et vie éternelle. Bien est vrai que cette même grâce nous est offerte par l'Evangile, par simple doctrine et prédication, mais à cause de notre infirmité qui ne peut saisir ce mystère spirituel, le Père de miséricorde a bien voulu ajouter avec sa parole un signe visible avec lequel il représente la substance de ses promesses.

Le Seigneur Jésus étant matière et substance des sacrements, c'est par son moyen que nous en avons les grâces et bénédictions.

Rapprochons de ces déclarations celles de Ratramne et leur parenté sera frappante :

La Cène est *figura prateritorum*, elle est aussi un mystère composé de deux éléments : un élément visible et matériel, les espèces du pain et du vin ; un élément invisible et spirituel, le corps de Christ ou Parole de Dieu (*Verbum Deï*). Le changement a lieu *in sacramentum corporis Christi* et la puissance que Christ a mise dans la substanc, terrestre est la Parole de Dieu, corps de Christ ni tangible, ni visible, mais présent *spiritaliter*.

Remarquons d'abord que l'idée de sacrement, à la fois signe visible et vérité invisible, est commune à Calvin, Ratramne et Paschase. Mais tandis que pour les deux premiers cette vérité invisible est spirituelle, c'est-à-dire immatérielle, pour Paschase elle est le vrai corps et le vrai sang historiques de Jésus. — Quoiqu'il ait exposé cette idée du sacrement, l'abbé de Corbie n'y est pas resté fidèle, nous l'avons constaté, parce qu'il croit à une union substantielle avec Christ, que les spiritualistes n'admettent pas.

Pour Calvin comme pour Ratramne, le pain et le vin restent pain et vin après la consécration, mais ils deviennent les signes visibles d'une grâce invisible : la communication du corps et du sang spirituels de Jésus, qui sont appelés par l'un simplement : le Seigneur Jésus, par l'autre : la Parole de Dieu.

De cette vérité spirituelle, contenue dans le sacrement, découlent toutes les bénédictions.

Ratramne croit à une puissance que Dieu a liée à la substance terrestre, au pain et au vin et qui n'est saisie que par la foi, c'est aussi l'idée de Calvin. L'un et l'autre gardent l'idée d'une présence du corps du Christ, réelle, mais spirituelle. Pour Ratramne, il est *nefas* de penser que le corps et le sang du Christ ne soient pas présents, et Calvin déclare : « Il faut que nous recevions vraiment en la Cène le corps et le sang de Jésus-Christ, puisque le Seigneur nous y représente la communion de l'un et de l'autre. » —

Il suffisait pour le sujet que nous traitons d'indiquer ce rapprochement et cette parenté entre ces deux adversaires de la doctrine catholique. Hauser appelle les hommes du XVIe siècle des « *hérétiques novateurs* », chacun pourra juger si les représentants de la tradition spiritualiste, les Origène, Augustin, Tertullien, Amalarius, Druthmar, Ratramne, Bérenger, Bernard de Clairvaux, etc., sont vraiment des novateurs, et s'ils ne sont pas plutôt des réformateurs, des représentants de la vraie tradition, de la tradition scripturaire.

Dans une étude comme celle-ci, c'est un précieux encouragement et une grande joie pour nous protestants, de voir que les idées que nous combattons comme contraires à la vérité évangélique, n'ont pas obtenu gain de cause sans protestations et n'ont pas triomphé sans luttes.

A côté du père du dogme catholique de l'eucharistie, à

la même époque, dans le même pays et dans les murs du même couvent, nous trouvons le précurseur de Calvin, le père des idées protestantes, l'adversaire décidé de la transsubstantiation et de la répétition du sacrifice de notre Sauveur.

Un contemporain de Paschase Radbert, Engelmode de Soissons, a composé un poème à sa louange, où il le déclare la gloire et la lumière brillante du monde, la colonne de l'Eglise, le plus grand cèdre du paradis, la sommité de la religion, le bouclier le plus puissant de la foi (¹).

Ne voulant pas aller aussi loin dans la louange, et ne pouvant nous élever au lyrisme d'Engelmode, nous dirons simplement que Paschase Radbert a été un vrai catholique par ses goûts, ses idées et ses croyances.

L'Eglise était loin de se tromper lorsqu'elle le canonisa, et ses idées sur la Cène sont si bien celles du catholicisme, qu'au millième anniversaire de sa mort, un jésuite allemand a réimprimé son livre en l'intitulant: « *Eine Stimme über die Eucharistie von tausend Jahren* » et en le dédiant à l'abbé de l'église de Marie à Einsiedlen (²).

S'il a adopté des idées et des croyances contraires à la Bible et à l'esprit évangélique, Paschase a cependant été un vrai chrétien, admirateur passionné des saintes Ecritures et les étudiant avec amour; ardent au travail, zélé pour l'accomplissement de ses devoirs religieux.

Ses erreurs sont graves, mais s'il les a adoptées, c'est

(¹) .... Beate Pater, decus et lux aurea mundi,
Ecclesiæ columen, paradisi maxima cedrus,
Religionis apex, fidei fortissimus umbo.

(²) Il est vrai de dire qu'il a ajouté quelques explications et de nombreuses notes afin de rendre Paschase parfaitement orthodoxe.

parce qu'il pensait que sa piété, et la haute conception qu'il se faisait de notre union avec Jésus-Christ, y trouvaient leur satisfaction et leur aliment.

Les doctrines que renferme le « Livre du corps et du sang du Seigneur » ont fait passer le nom de l'auteur à la postérité! Paschase Radbert a un titre de gloire meilleur encore: sa préoccupation constante a été de servir le Maître, d'aimer le Crucifié.

THÈSES

I

Paschase Radbert et Ratramne marquent dans l'histoire la distinction des conceptions sur la Cène.

II

Paschase est le père du dogme catholique de l'eucharistie.

III

Pour Paschase, *recevoir le mystère spirituellement,* c'est avant tout y goûter la vraie chair et le vrai sang de Christ.

IV

Paschase croit à la participation des indignes au corps et au sang de Christ.

V

Ratramne peut être appelé, d'une façon générale, le père des idées protestantes sur la Cène. Dans un sens plus spécial, — il est précurseur de la doctrine calviniste.

VI

Une transformation est désirable dans les études théologiques. Tournées presque exclusivement vers le passé, elles ne se préoccupent du présent et de l'avenir que d'une manière insuffisante.

VII

Dans les facultés de théologie, comme dans les facultés de médecine, l'enseignement pratique devrait avoir une place et une importance considérables.

VIII

Les Missions, leur histoire, devraient avoir leur place dans l'enseignement théologique.

IX

Il est nécessaire de combattre l'idée d'une révélation intellectuelle, et d'insister sur l'idée d'une révélation religieuse et morale.

X

La prédication devrait insister davantage sur la doctrine du Royaume des cieux.

XI

Le culte réformé est trop individualiste, il doit être transformé dans le sens de l'introduction d'éléments d'adoration. Manquant de variété, il répond mal à tous les besoins des fidèles.

XII

Les lieux et les formes du culte ont, au point de vue religieux, une importance trop méconnue.

XIII

L'Eglise doit s'attacher à revendiquer énergiquement son indépendance et son autonomie, mais non à réaliser sa séparation d'avec l'Etat.

Vu par le président de la soutenance,

Montauban, le 24 mai 1888.

E. DOUMERGUE.

Vu par le Doyen,
CH. BOIS.

Vu et permis d'imprimer :

le Recteur,
CL. PERROUD.

TABLE DES MATIÈRES

	Pages
Introduction	7
I. — Le IXe siècle en général	7
II. — L'Eglise et le monachisme au IXe siècle	12

PREMIÈRE PARTIE

La vie et les œuvres de Paschase Radbert.

	Pages
Chapitre Ier. — La vie de Paschase Radbert	17
§ 1. — Paschase Radbert avant sa nomination d'abbé de Corbie	17
§ 2. — Paschase Radbert après son élection jusqu'à sa mort	23
Chapitre II. — Les œuvres de Paschase Radbert	33
§ 1. — Les ouvrages secondaires	33
§ 2. — Ouvrages principaux	39

SECONDE PARTIE

La théorie de Paschase Radbert sur le corps et le sang
du Seigneur, sa place dans l'histoire du dogme de la Cène.

Pag s

CHAPITRE Ier. — Analyse du livre du « corps et du sang du
Seigneur » 43

§ 1. — De la présence du Christ dans l'eucharistie . . 43

§ 2. — L'eucharistie en tant que sacrement ou communion 52

§ 3. — L'eucharistie comme sacrifice 58

§ 4. — De la distribution du sacrement 64

§ 5. — Effet du sacrement 68

§ 6. — Relations spéciales de ce mystère avec l'Eglise
et ses membres 74

CHAPITRE II. — Exposé critique de la théorie de Paschase sur
la Cène 75

§ 1. — Ce qui est reçu dans la Cène 76

§ 2. — Célébration de la Cène 83

CHAPITRE III. — Avant la querelle 94

§ 1. — Le dogme de la Cène dans les sept premiers
siècles 94

§ 2. — Le dogme de la Cène au moyen âge . . . 97

Pages

Chapitre IV. — La querelle 100

  § 1. — Les adversaires de Paschase 100

  § 2. — Défense de Paschase 105

Chapitre V. — Après la querelle. La succession de Paschase

  et de Ratramne 111

  § 1. — La succession de Paschase 111

  § 2. — La succession de Ratramne 115

Thèses 121

www.ingramcontent.com/pod-product-compliance
Lightning Source LLC
LaVergne TN
LVHW021846170726
843503LV00003B/1084